mana Buch

**Sönke Cordts**

Sönke Cordts hat nach dem Studium der Wirtschaftsinformatik als Softwareentwickler, Projekt- und Entwicklungsleiter gearbeitet und beschäftigt sich mit .NET-Technologien, Java, Datenbanken und SAP ERP. Seit 2008 ist Sönke Cordts Professor für Wirtschaftsinformatik. Im Raum Hamburg ist er auch immer wieder freiberuflich als IT-Berater tätig. Aus den Bereichen Softwareentwicklung und Datenbanken sind diverse Bücher und Zeitschriftenartikel von ihm erschienen.

**Maren Nasutta**

Maren Nasutta hat nach dem Studium der Betriebswirtschaftslehre als wissenschaftliche Mitarbeiterin im Hochschulbereich und in der Verwaltung des öffentlichen Dienstes gearbeitet. Sie beschäftigt sich seit mehr als 15 Jahren mit betriebswirtschaftlichen Fragestellungen und schreibt Fachbücher in diesem Bereich.

**Sönke Cordts, Maren Nasutta**

# Web-Entwicklung

**mit Visual Basic, HTML5, CSS3, JavaScript und MVC5**

Liebe Leserin, lieber Leser,

Ihre Meinung ist mir wichtig.

Das Buch hat Ihnen gefallen? Dann freue ich mich über Ihre positive Rückmeldung.

Sie haben Hinweise oder Anregungen für mich? Dann schreiben Sie mir gerne unter info@mana-buch.de und geben mir die Gelegenheit zu einer Reaktion, falls etwas nicht nach Ihren Vorstellungen war.

Mit besten Grüßen

mana Buch

1. Auflage

**Umschlagdesign:** mana-Buch
**Druck:** Amazon Fulfillment

**Bibliografische Information der Deutschen Nationalbibliothek:**
Die Deutsche Nationalbibliothek verzeichnet diese Publikation in der Deutschen Nationalbibliografie, detaillierte bibliografische Daten sind im Internet über www.dnb.de abrufbar.

**ISBN:** 978-3-944330-48-8

# Vorwort

Mit der Einführung des Begriffes Web 2.0 im Jahr 2003 hat sich das World Wide Web zur wichtigsten Anwendungsplattform entwickelt. Desktopanwendungen, die auch offline zur Verfügung stehen, rücken mehr in den Hintergrund und Web-Technologien schließen diese Lücken.

Dieses Buch gibt einen praktisch orientierten Überblick über die wichtigsten Web-Technologien. Um die Funktionsweise von Webanwendungen zu verstehen, wird ein eigener Webserver zur Umsetzung des HTTP-Protokolls entwickelt. Die Erzeugung und die einheitliche und moderne Gestaltung von Webseiten mit HTML, CSS sowie Bootstrap werden erläutert und die dynamische Veränderung von Webseiten im Browser z.B. für Spiele auf der Grundlage von JavaScript erklärt. Zum besseren Verständnis wird hierfür ein einfaches Spiel entwickelt. Außerdem befasst sich das Buch mit der dynamischen Erstellung von Webseiten auf dem Webserver und der serverseitigen Programmierung mit den Technologien von ASP.NET MVC.

Da jedes Thema durchaus ein eigenes Buch füllen kann, geben die Kapitel soweit einen Einblick in die Technologien, dass danach eine tiefer gehende Beschäftigung möglich ist. Ein grundlegendes Verständnis der Programmiersprache Visual Basic wird dabei vorausgesetzt.

Die Buchreihe „KURZ&KNAPP" führt den Leser möglichst schnell an die praktische Arbeit mit dem Thema heran. Dementsprechend werden theoretische Grundlagen nur soweit erläutert, wie sie für die praktische Entscheidung und Umsetzung notwendig sind.

## Der Aufbau dieses Buches

Das erste Kapitel gibt einen ersten Überblick über das World Wide Web und dessen Technologien. Im zweiten Kapitel wird das HyperText Transfer Protocol (HTTP) erläutert und ein Webserver in der Programmiersprache Visual Basic implementiert. Kapitel 3 bis 5 gehen auf HTML und CSS ein. Danach folgt in Kapitel 6 eine Einführung in die clientseitige Programmiersprache JavaScript. Kapitel 7 schließlich erläutert die serverseitige Programmierung mit den Technologien des ASP.NET MVC Frameworks.

## Begleitdateien

Zu diesem Buch können Sie Begleitdateien unter folgender Adresse herunterladen:

http://www.mana-Buch.de/138

# Inhaltsverzeichnis

# 1 Einführung und Installation

## Worum geht es in diesem Kapitel?

- Was ist das World Wide Web und wie ist es entstanden?
- Woraus besteht das World Wide Web?
- Was versteht man unter HTTP, HTML und URL?
- Wer legt die Standards im World Wide Web fest?
- Welche Software wird zur Webprogrammierung benötigt?

## Entstehung

Die Entstehung des World Wide Web (kurz Web oder W3) geht auf das Jahr 1989 zurück. Damals arbeitete der britische Physiker und Informatiker Tim Berners-Lee am europäischen Kernforschungszentrum CERN. Um den Austausch von wissenschaftlichen Dokumenten zwischen den Standorten auf schweizerischem und französischem Gebiet zu vereinfachen, entwarf er zusammen mit dem belgischen Informatiker Robert Cailliau ein Hypertextsystem mit den drei Komponenten:

- Kommunikationsprotokoll HTTP,
- Dokumentenauszeichnungssprache HTML und
- Adresse für Dokumente/Ressourcen (URL).

## Bestandteile des World Wide Web

Die Dokumentenauszeichnungssprache HTML bietet die Möglichkeit, Verweise, sogenannte Hyperlinks, auf andere Dokumente bzw. andere Ressourcen zu setzen. Dokumente können damit beliebig miteinander vernetzt sein und gegenseitig aufeinander verweisen. Die drei Komponenten werden ausführlich im 2. Kapitel (HTTP, URL) und im 3. Kapitel (HTML) beschrieben.

Inzwischen gehört das World Wide Web zu den am meisten genutzten Diensten im Internet. Häufig wird daher das Web auch mit dem Internet gleichgesetzt, auch wenn es nur ein Dienst unter anderen, wie z.B. E-Mail, Dateiübertragung (FTP), Fernsteuerung (Telnet), darstellt.

### Standardisierung

Neben den drei wichtigsten Komponenten besteht das WWW inzwischen aus weiteren Bestandteilen, wie z.B. CSS als Gestaltungssprache für HTML. Die Standardisierung der Auszeichnungssprache HTML wird vom W3-Consortium (W3C) durchgeführt, dessen Gründer und Vorsitzender Berners-Lee ist[1]. Ursprünglich sollte die Standardisierung durch die IETF (Internet Engineering Task Force)[2] erfolgen, die auch sonst für die Standardisierung vor allem von Internetprotokollen zuständig ist. Da die IETF jedoch in kurzer Zeit keinen sinnvollen Standard zustande brachte, entschied sich Berners-Lee 1994 zur Gründung des W3C. Das W3C besteht inzwischen aus etwa 400 Mitgliedern, zu denen neben Universitäten und Softwareunternehmen vor allem auch Browserhersteller gehören.

Neben dem W3C gibt es seit 2004 mit der WHATWG (Web Hypertext Application Technology Working Group)[3] eine weitere Organisation zur Standardisierung von HTML. Diese Arbeitsgruppe wurde von Opera, Apple und Mozilla gegründet, weil sie mit der Entwicklung von HTML im W3C nicht mehr einverstanden waren. WHATWG ist allerdings keine Gegenbewegung mit eigenen Standards, stattdessen werden deren Spezifikationen beim W3C zur Verabschiedung eingereicht.

---

[1] siehe http://www.w3.org/TR

[2] siehe http://www.ietf.org

[3] siehe https://whatwg.org

### Software zur Webprogrammierung

Zu Erstellung von einfachen HTML-Dokumenten kann ein Texteditor wie z.B. Notepad verwendet werden.

Für aufwändige HTML-Dokumente und Web-Anwendungen bietet sich eine Software an, die die Erstellung z.B. mit Autovervollständigung und Syntaxprüfung unterstützt. Dazu wird in diesem Buch Visual Studio 2015 Community Edition verwendet. Sie können die Software von der Website http://www.visualstudio.com kostenlos herunterladen.

Da diese Version zur Entwicklung von sowohl Desktop- als auch Web-Anwendungen mit verschiedenen Technologien eingesetzt werden kann, sollten Sie nicht alle Features der Software installieren. Sofern Sie nur die Beispiele in diesem Buch bearbeiten wollen, reicht es aus, wenn Sie „Microsoft Web Developer Tools" und „Microsoft SQL Server Data Tools" auswählen (Abb. 1.1).

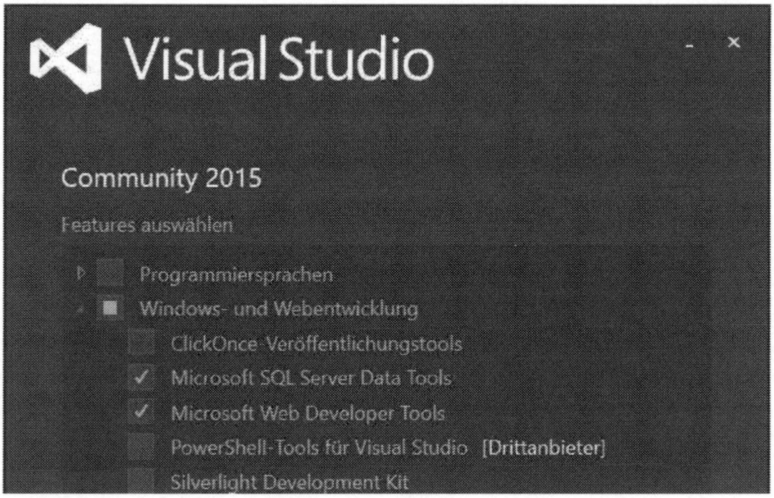


**Abbildung 1.1** Installationsoptionen zur Web-Entwicklung

Damit Sie die gleiche Visual Studio Umgebung wie die im Buch verwenden, sollten Sie noch einige Optionen in Visual Studio einstellen:

1. Wählen Sie das Farbschema im Menüpunkt „Extras → Optionen → Umgebung → Allgemein → Farbschema" auf Blau.
2. Setzen Sie den Projektspeicherort für neue Projekte im Menüpunkt „Extras → Optionen → Projekte und Projektmappen → Allgemein" auf „C:\WebAppsVB" (der Ordner wird automatisch angelegt).
3. Lassen Sie sich über den Menüpunkt „Extras → Optionen → Text-Editor → Alle Sprachen" die "Zeilennummern" im Quellcode anzeigen.

Die aktuellen Versionen heutiger Browser bieten auch die Möglichkeit, die HTML-Dokumente auf Fehler zu untersuchen und JavaScript-Code zu debuggen (Abb. 1.2). Bei JavaScript handelt es sich um eine Programmiersprache, um Web-Dokumente während der Anzeige zu ändern und dadurch Webseiten interaktiv zu gestalten z.B. für Spiele. JavaScript wird ausführlich in Kapitel 6 behandelt.

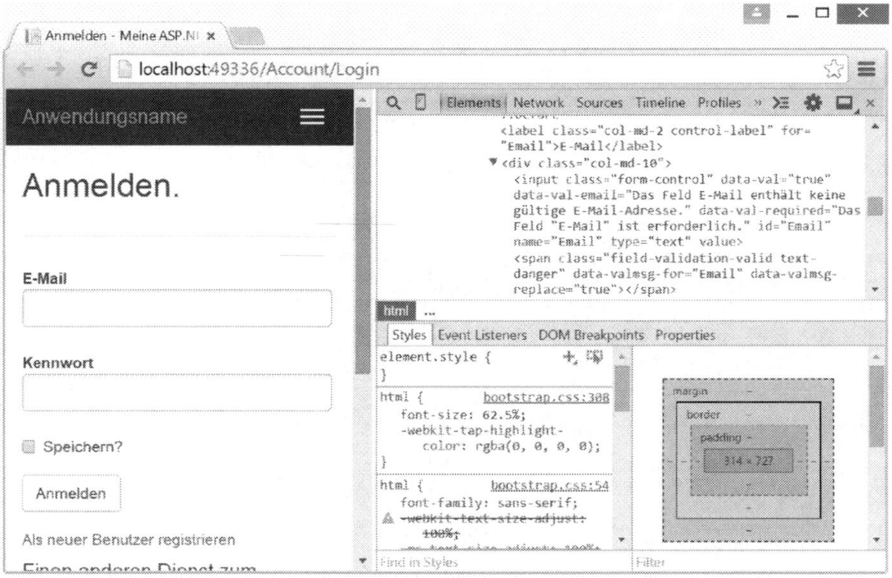


**Abbildung 1.2** Entwicklertools bei Google Chrome

Zwar werden die Web-Technologien standardisiert, dennoch gibt es natürlich Unterschiede bei der Darstellung von Dokumenten zwischen den Browsern. Es bietet sich daher an, auch die Browser, unter denen die zu entwickelnde Web-Anwendung laufen soll, auf dem Entwicklungsrechner zu installieren. Im Buch werden u.a. die am weitesten verbreiteten Browser Google Chrome, Internet Explorer, Firefox, Opera und Safari eingesetzt.

## Zusammenfassung

In diesem Kapitel wurde kurz auf die Entstehung des WWW und seine drei wesentlichen Bestandteile HTTP, HTML und URL eingegangen. Zur Standardisierung dieser Bestandteile gibt es drei Organisationen: die IETF, das W3C und die WHATWG.

Um eigene Web-Anwendungen und Webseiten zu erstellen, reicht für einfache HTML-Dokumente ein ganz normaler Texteditor aus. Für komplexe Web-Anwendungen wird in diesem Buch Visual Studio 2015 Community Edition verwendet. Neben der Entwicklungsumgebung sollten zum Testen alle bekannten Browser auf dem Entwicklungsrechner installiert sein.

Das folgende Kapitel 2 beschäftigt sich mit dem Protokoll HTTP, das zur Übertragung von Dokumenten an einen Browser verwendet wird.

# 2 Webserver

## Worum geht es in diesem Kapitel?

- Was versteht man unter einem Protokoll?
- Was versteht man unter einem Server und einem Client bei der Netzwerkkommunikation?
- Wie funktioniert das HyperText Transfer Protocol (HTTP)?
- Wie funktioniert ein Webserver?

## Kommunikationsprotokoll

Damit Computer miteinander Daten austauschen können, müssen sie neben der physischen Verbindung das gleiche Kommunikationsprotokoll verwenden. Wie zwei Menschen, die sich nur unterhalten und Informationen austauschen können, wenn sie die gleiche Sprache sprechen, müssen auch Computer das gleiche Protokoll „sprechen".

Das Internet kennt als reine Transportprotokolle das Transmission Control Protocol (TCP) und das User Datagram Protocol (UDP). TCP stellt ein verbindungsorientiertes Transportprotokoll dar, das auf zuverlässige Übertragung der Daten ausgelegt ist. Das UDP ist dagegen ein verbindungsloses Protokoll, das die Daten nicht garantiert überträgt. UDP wird nicht so häufig wie TCP eingesetzt, weil es nicht so viele Anwendungsfälle für verbindungslose Kommunikation gibt (z.B. Video-/Audiostreaming). Da TCP und UDP ausschließlich für den Transport der Daten verantwortlich sind, setzen auf diese Protokolle höhere Anwendungsprotokolle auf. Eines der bekanntesten Anwendungsprotokolle im Internet ist das HyperText Transfer Protocol (HTTP), das von Berners-Lee zur Übertragung von HTML-Dokumenten entwickelt wurde.

## Client-Server-Architektur

Um nun von einem Computer zur Verfügung gestellte HTML-Dokumente an einen Browser zu übertragen, verwendet man softwaretechnisch eine Client-Server-Architektur. Hierunter versteht man die Möglichkeit, in einem Netzwerk eine Dienstleistung (Service) durch einen Computer bereitzustellen und durch einen anderen aufzurufen.

Bezogen auf das WWW stellt ein Server also HTML-Dokumente bereit und ein Browser kann diese als Client abrufen. Ein Server und ein Client sind demnach Softwareprogramme, die über ein Netzwerk Daten zur Bereitstellung eines Services austauschen. Im WWW wird der Server auch konkret als Webserver und der Client als Browser bezeichnet. Wie der Service durch den Client in Anspruch genommen werden kann, regelt das Anwendungsprotokoll (Abb. 2.1).

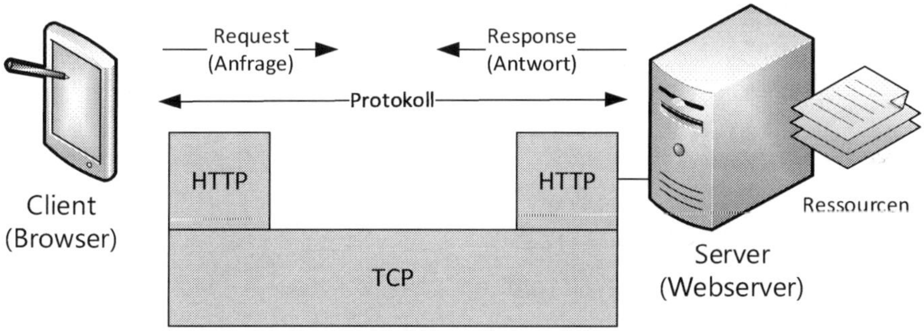


**Abbildung 2.1** Client-Server-Architektur im WWW

Dazu sendet der Client eine Anfrage (Request) an den Server, der den Dienst anbietet. Der Server liefert daraufhin eine Antwort (Response). Da Servercomputer mehr als eine Dienstleistung anbieten können, müssen eingehende Anfragen unterschieden werden. Dazu werden Portnummern verwendet, die die Zuordnung von eingehenden Netzwerkanfragen und dafür zuständiger Software (Serverprogramm) darstellen.

So hat das IETF in seinen Standards festgelegt, dass die Portnummer 80 der Standardport für HTTP-Anfragen ist. Startet der Client eine Anfrage, muss er auch angeben, auf welcher Portnummer er die Dienstleistung erwartet. Allerdings sind die Standardportnummern nicht zwingend. Wartet also ein Webserver auf einer anderen Portnummer als der 80, muss der Client diese bei einer Anfrage angeben.

Neben HTTP gibt es als verschlüsselte Version das HTTPS. Hier wird zwischen dem Anwendungsprotokoll HTTP und dem Transportprotokoll TCP der zusätzliche Layer TLS bzw. SSL (Transport Layer Security bzw. Secure Sockets Layer) implementiert. Das gesicherte HTTPS verwendet als Standardportnummer die 443.

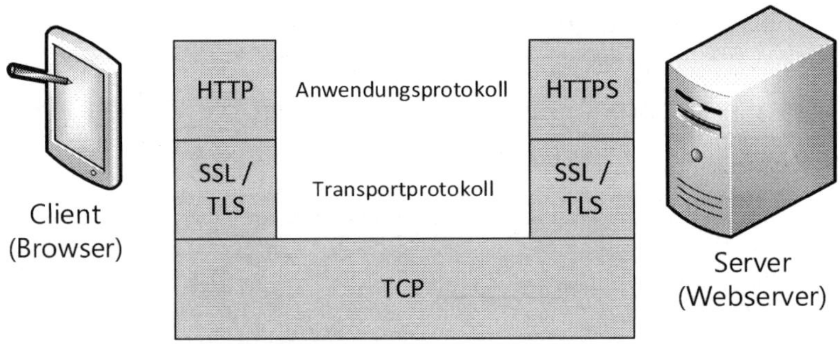


**Abbildung 2.2** Verschlüsseltes HTTPS

### HyperText Transfer Protocol (HTTP)

Damit der Browser seine angeforderten HTML-Dokumente vom Webserver erhält, muss er seine Anfragen in der Sprache des HyperText Transfer Protocol (HTTP) versenden. Entsprechend muss der Webserver seine Antwort als HTTP zurücksenden.

### HTTP Request

Zum einfachen Abrufen eines HTML-Dokumentes kennt HTTP das Verb GET. Dieses Verb wird zusammen mit zwei Parametern aufgerufen, dem relativen Pfad zur zu übertragenden Datei sowie der HTTP-Versionsnummer. Aktuell kennt HTTP die Versionen 1.0 und 1.1. Ein einfacher gültiger HTTP-Aufruf, den z.B. ein Browser an den Webserver sendet, sieht wie folgt aus:

```
GET sample1.html HTTP/1.0↵
↵
```

Jede Zeile in HTTP wird durch einen Zeilenumbruch (↵ = Carriage Return, Linefeed) abgeschlossen. Um den GET-Befehl abzuschließen, folgt eine leere Zeile.

Anwendungsprotokolle wie HTTP kann man über das Telnetprogramm testen. Mit Telnet kann mit Hilfe eines Telnet-Clients ein anderer Computer (Telnet-Server) fernbedient werden, indem jede Tastatureingabe auf dem Clientcomputer an den Servercomputer gesendet wird. Die Beschreibung zum Telnet-Anwendungsprotokoll sieht als Portnummer die 23 vor. Man kann das Telnet-Clientprogramm aber auch z.B. über Port 80 laufen lassen und HTTP-Befehle an einen Webserver versenden, um das Protokoll zu testen. Sofern Sie unter Windows arbeiten, können Sie in die Eingabeaufforderung wechseln und dort wie folgt das Telnet-Programm starten:

```
C:\>telnet www.mana-buch.de 80
```

Danach geben Sie den HTTP-Befehl ein:

```
GET /138/sample1.html HTTP/1.1↵
Host: www.mana-buch.de↵
↵
```

Daraufhin wird der Inhalt der Datei „sample1.html", die sich im Ordner „138" befindet, angezeigt. (Abb. 2.3). Zu beachten ist, dass in einer zweiten Zeile ein Headereintrag mit übergeben wird, der den Namen des Webservers angibt. Über Headereinträge können weitere Informationen an den Webserver gesendet werden.

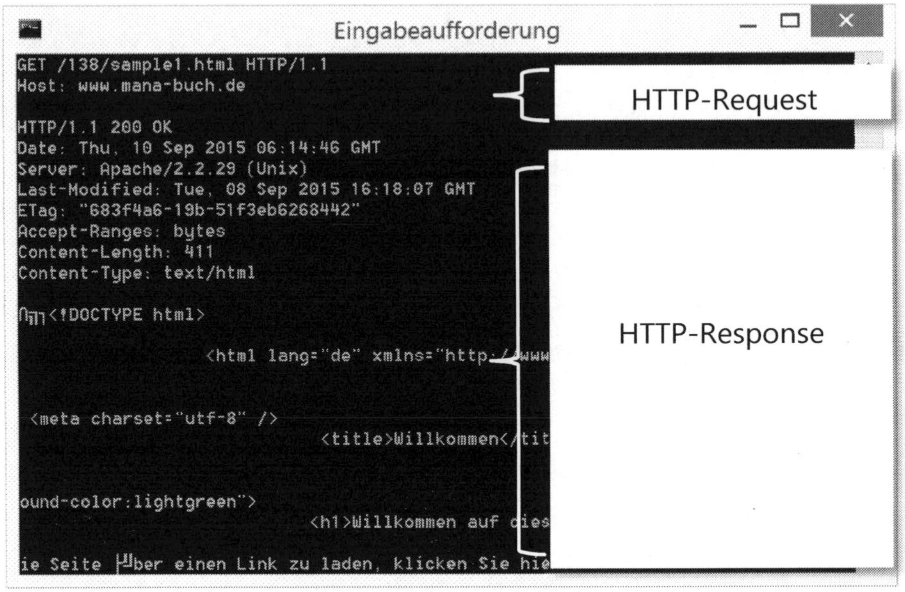


**Abbildung 2.3** Telnet-Sitzung mit einem Webserver zum Testen

Nach der Eingabe des HTTP-Befehls und seiner Parameter folgen die Headereinträge. Waren diese bei der HTTP-Version 1.0 nicht zwingend, muss mit der Version 1.1 der DNS-Name des Hosts angegeben werden, an den die HTTP-Anfrage gestellt wird. Normalerweise ist das der Computername, der den Webserver darstellt. Da ein Computer jedoch mehrere DNS-Namen besitzen kann, können auch unterschiedliche Websites „beherbergt" werden.

Verwaltet ein Webserver z.B. unter den Namen buch.mana-buch.de und www.mana-buch.de unterschiedliche Webdokumente und handelt es sich dabei um den gleichen Computer, kann er dies anhand des Host-Eintrages unterscheiden.

Headereinträge haben immer den gleichen Aufbau. Vorne steht der Variablenname und durch einen Doppelpunkt getrennt folgt der Wert für diesen Variablennamen. Um zu sehen, welche weiteren Headereinträge z.B. der Internet Explorer von Microsoft an einen Webserver versendet, können über die Entwicklertools (Funktionstaste F12) die vom Browser erzeugten Anfragen angezeigt werden. Daraufhin wählt man das Symbol für

„Netzwerk" aus (1) und startet die Aufzeichnung des Netzwerkverkehrs (2). Lädt man daraufhin eine beliebige Webseite (3), wird die Anfrage mit weiteren Details (4) angezeigt (Abb. 2.4).

**Abbildung 2.4** HTTP-Anfragen beim Internet Explorer anzeigen

Erkennbar ist, dass es neben dem Headereintrag Host noch weitere Einträge gibt. So erhält der Webserver u.a. über den Header „User-Agent" Informationen darüber, welches Betriebssystem und welcher Browser die Anfrage gestellt hat. Die wichtigsten Headereinträge sind in der folgenden Tabelle 2.1 aufgeführt.

| Header | Beschreibung |
|---|---|
| Accept | Legt fest, welche Dateitypen verarbeitet werden können. |
| Accept-Language | Legt die Sprache fest, die der Browser akzeptiert. Hierüber kann der Webserver zur Sprache passende Dokumente zurückliefern. |
| Authorization | Authentifizierung an den Webserver, falls dieser eine Autorisierung angefragt hat. |
| Connection | Unter HTTP/1.0 wurde für jedes angeforderte Dokument eine Netzwerkverbindung aufgebaut und danach wieder geschlossen. Unter HTTP/1.1 kann der Browser über Connection eine persistente Verbindung anfordern, die aber nicht zwingend vom Webserver genehmigt wird. |
| Cookie | Zurückliefern eines Cookie (Text von max. 4096 Zeichen), der vorher vom Webserver durch den Headereintrag Set-Cookie gesetzt wurde (dient z.B. zur Benutzererkennung). |
| Host | Bei Webservern mit mehreren DNS-Namen wichtig, um die Anfrage entsprechend weiterzuleiten (Pflichteintrag unter HTTP/1.1). |
| If-Modified-Since | Falls ein Dokument bereits von einem Browser geladen und zwischengespeichert wurde, kann über das Zugriffsdatum der Webserver entscheiden, ob er das Dokument noch einmal sendet. |
| Referer | Falls ein HTML-Dokument einen Hyperlink enthält und dieser ausgewählt wird, erhält der Webserver, auf den sich der Link bezieht, hierüber die Adresse des HTML-Dokuments. |
| User-Agent | Enthält Informationen über den Clientcomputer. Hierüber kann ein Webserver den Browser und dessen Versionsnummer ermitteln, um ggf. hierfür ein optimiertes HTML-Dokument bereitzustellen. |

**Tabelle 2.1** HTTP-Request Headereinträge unter HTTP/1.1

### Ressourcen

An einem einfachen Beispiel wurde bisher gezeigt, wie ein HTML-Dokument über HTTP von einem Webserver geladen wird. Um die weiteren HTTP-Verben zu verstehen, muss das Konzept der Internetadressen betrachtet werden. Eine Adresse wie „http://www.mana-buch.de/138/sample1.html", die man in einem Browser eingibt, um sich ein Dokument herunterzuladen und anzusehen, wird als Uniform Resource Locator (URL) bezeichnet. Über eine URL[4] kann man eine bestimmte Ressource im Internet identifizieren. Eine URL setzt sich beim Zugriff über HTTP aus dem URL Schema, dem Host, dem URL Pfad und dem Query String zusammen.

```
<Schema>://<Host>:<Port>/<Path>?<Query String>#<Fragment>
```

Das Schema bestimmt das Netzwerkprotokoll, mit dem auf eine Internetressource zugegriffen wird (neben HTTP sind weitere noch häufig verwendete Schemata z.B. FTP, FILE, MAILTO). Es folgt der DNS-Name oder die IP-Nummer des Servercomputers. Durch einen Doppelpunkt getrennt kann eine Portnummer angegeben werden. Beim Weglassen der Portnummer wird der Standardport für das entsprechende Protokoll verwendet. Als letztes Element weist der Pfad auf die entsprechende Ressource auf dem Webserver hin. Hat z.B. ein Webserver in einem Ordner „C:\Websites" seine Dokumente abgelegt, stellt der URL Pfad den relativen Pfad in diesem Ordner dar. Wenn in diesem Ordner eine Datei wie folgt abgelegt ist „C:\Websites\138\sample1.html", lautet der URL Pfad „/138/sample1.html". Folgendes Beispiel lädt die Datei sample1.html vom Webserver www.mana-buch.de:

```
http://www.mana-buch.de/138/sample1.html
```

---

[4] Eigentlich ist URL maskulin, sodass es „der URL" heißen muss. Im allgemeinen Sprachgebrauch hat sich jedoch wegen „die Internetadresse" auch die feminine Form „die URL" durchgesetzt. (vgl. hierzu http://www.duden.de/rechtschreibung/URL)

Daneben können dem Dokument über den Query String auch Parameter übergeben werden. Dazu folgt hinter dem Dokumentennamen ein Fragezeichen. Der Parameter setzt sich aus dem Namen getrennt durch ein Gleichheitszeichen und dem Wert zusammen. Mehrere Parameter werden durch „&"-Zeichen voneinander getrennt. Folgende URL übergibt die Parameter „Vorn" und „Nachn" an das Dokument „beispiel.php":

```
http://www.mana-buch.de/138/sample2.php?Vorn=Hans&Nachn=Muster
```

Schließlich kann über die URL im Web auch ein Fragment übergeben werden. Hierüber wird ein bestimmter Abschnitt in einer Ressource bzw. einem HTML-Dokument angesprochen. Hat man ein langes HTML-Dokument, das über mehrere Bildschirmseiten verläuft, kann über das Fragment an einen bestimmten Abschnitt gesprungen werden. Im Gegensatz zu den anderen URL-Bestandteilen wird das Fragment nur vom Clientprogramm ausgewertet, also i.d.R. von einem Browser-Programm. Die folgende URL zeigt ein Beispiel zur Verwendung eines Fragments:

```
http://www.mana-buch.de/138/sample3.html#abschnitt2
```

### URL Encoding

Bestimmte ASCII-Zeichen, wie z.B. der Schrägstrich, das Frage- oder Gleichheitszeichen, können in einer URL nicht direkt verwendet werden, weil sie eine besondere Bedeutung haben. Daher müssen diese Zeichen in der URL, wie in Tabelle 2.2 dargestellt, kodiert werden.

Diese vom IETF als „Percent Encoding" verwendete Methode wird in der Praxis allgemein als URL Encoding bezeichnet und unter http://tools.ietf.org/html/rfc3986 ausführlich beschrieben. Das URL-Encoding bezieht sich ausschließlich auf ASCII-Zeichen, für Unicode gibt es zurzeit keinen offiziellen Standard, sodass man z.B. auf Umlaute in Dateinamen der URL verzichten sollte.

| Zeichen | Code | Zeichen | Code | Zeichen | Code |
|---|---|---|---|---|---|
| Leerzeichen | %20 | ! | %21 | " | %22 |
| # | %23 | $ | %24 | % | %25 |
| & | %26 | ' | %27 | ( | %28 |
| ) | %29 | * | %2A | + | %2B |
| , | %2C | - | %2D | . | %2E |
| / | %2F | : | %3A | ; | %3B |
| < | %3C | = | %3D | > | %3E |
| ? | %3F | @ | %40 | [ | %5B |
| \ | %5C | ] | %5D | ` | %60 |
| { | %7B | \| | %7C | } | %7D |
| ~ | %7E | Neue Zeile | %0A<br>%0D<br>%0D%0A | | |

**Tabelle 2.2** Percent Encoding

### HTTP Response

Nachdem gezeigt wurde, wie ein Browser eine Ressource von einem Webserver erhält, soll nun die Antwort des Webservers (Response) genauer betrachtet werden.

Als wichtigste Antwort erhält der Browser einen Statuscode zurückgeliefert. Dieser gibt Auskunft darüber, ob die Anfrage erfolgreich war. Dazu liefert der Webserver zunächst die HTTP-Version und durch Leerzeichen getrennt den Statuscode sowie eine Beschreibung zu diesem zurück. Darauf folgen wie bei der Anfrage vom Browser die Headereinträge. Diese liefern weitere Informationen zum Webserver und zur angefragten Ressource.

```
<HTTP Version> <Statuscode> <Beschreibung>
<Header>
↵
<Inhalt>
↵
```

Die Antwort auf die URL „http://www.mana-buch.de/138/sample1.html" sieht wie folgt aus (siehe auch Abb. 2.2) und kann abhängig von der verwendeten Webserver-Software variieren:

```
HTTP/1.1 200 OK
Date: Sun, 15 Feb 2015 08:59:38 GMT
Server: Apache/2.2.29 (Unix)
Last-Modified: Sun, 15 Feb 2015 08:56:07 GMT
ETag: "7ad19f8-19b-50f1ca3f297fb"
Accept-Ranges: bytes
Content-Length: 411
Content-Type: text/html
↵
<!DOCTYPE html>
...
```

Als erstes wird nach der HTTP-Version der Statuscode übertragen, wobei 200 als erfolgreich gilt. Der dahinter erscheinende Beschreibungstext ist vom Webserver abhängig und erläutert ggf. ein aufgetretenes Problem. Darauf folgt wie bei der Anfrage der Header mit seinen einzelnen Einträgen. Nach dem Header steht eine Leerzeile (↵ = Carriage Return, Linefeed) und daraufhin das eigentlich angeforderte Dokument.

Tabelle 2.3 führt die wichtigsten Headereinträge auf, die vom Webserver zurückgeliefert werden. Eine detaillierte Beschreibung zu den Headereinträgen finden Sie im Standardisierungsdokument der IETF zum HTTP/1.1 Protokoll (https://www.ietf.org/rfc/rfc2616.txt).

| Header | Beschreibung |
|---|---|
| Connection | Unter HTTP/1.0 wurde für jedes angeforderte Dokument eine Netzwerkverbindung aufgebaut und danach wieder geschlossen. Über Connection kann der Webserver unter HTTP/1.1 eine persistente Verbindung aufrechterhalten oder vorzeitig schließen (Keep-Alive, Close). |
| Content-Language | Sprache, in der das angefragte Dokument vorliegt. |
| Content-Length | Länge des zurückgelieferten Dokuments. |
| Content-Type | Typ der angefragten Datei, z.B. text/html, text/plain, image/jpeg, image/png, audio/basic, video/mpeg. |
| Date | Datum/Uhrzeit der Antwort. |
| Last-Modified | Datum/Uhrzeit der letzten Änderung. |
| Server | Enthält Informationen über den Webserver. Hierüber kann ein Browser z.B. erkennen, welche Webserver-Software verwendet wird und unter welchem Betriebssystem diese läuft. |
| Set-Cookie | Setzen eines Cookie auf dem Clientcomputer (Text von max. 4096 Zeichen)(dient z.B. zur Benutzererkennung). |
| WWW-Authenticate | Authentifizierungsverfahren, um Dokumente auf dem Webserver vor unerlaubtem Zugriff zu schützen (Basic und Digest Access). |

**Tabelle 2.3** HTTP-Response Headereinträge unter HTTP/1.1

## Cookies

Über den Headereintrag Set-Cookie kann für ein Dokument ein Cookie auf dem Clientcomputer gespeichert werden. Bei einem Cookie handelt es sich um einen einfachen Text, der nicht länger als 4 KByte sein darf und vom Browser z.B. in einer Textdatei gespeichert werden kann. Sobald der Benutzer das gleiche Dokument erneut aufruft, wird dieser Text an den Webserver mitgesendet und dieser kann den Benutzer damit ggf. identifizieren. Da HTTP-Verbindungen in der Regel nach der Übertragung eines Dokumentes wieder beendet werden, weiß der Webserver bei einem erneuten Aufruf eines Dokumentes nicht, um welchen Benutzer es sich handelt. Über Cookies lässt sich dieses Problem lösen. Gerade für interaktive Webapplikationen (z.B. Warenkorb) ist so eine Funktionalität notwendig. Zwar hat HTTP als zustandsloses Protokoll den Nachteil, dass Zustände über mehrere Verbindungen z.B. mit Cookies gemerkt werden müssen, andererseits sind Webserver dadurch einfacher zu skalieren.

Die von den Dokumenten gespeicherten Cookies können bei den bekannten Browsern auch angezeigt werden. Unter Google Chrome z.B. muss man dazu in die Einstellungen wechseln und dort „Erweiterte Einstellungen anzeigen" wählen. Anschließend klickt man unter „Datenschutz" auf den Eintrag „Inhaltseinstellungen..." und im darauf erscheinenden Dialogfenster auf „Alle Cookies und Websitedaten...".

Abb. 2.5 zeigt Details zu einem Cookie, der von einem Webserver mit der IP-Adresse 192.168.1.115 erzeugt wurde. Der Cookie hat den Namen „Computer" und als Wert wurde die IP-Adresse des Browsercomputers gespeichert, um diesen über die IP-Adresse wiederzuerkennen. Der Webserver, der diesen Cookie erzeugt, wird am Ende des Kapitels programmiert.

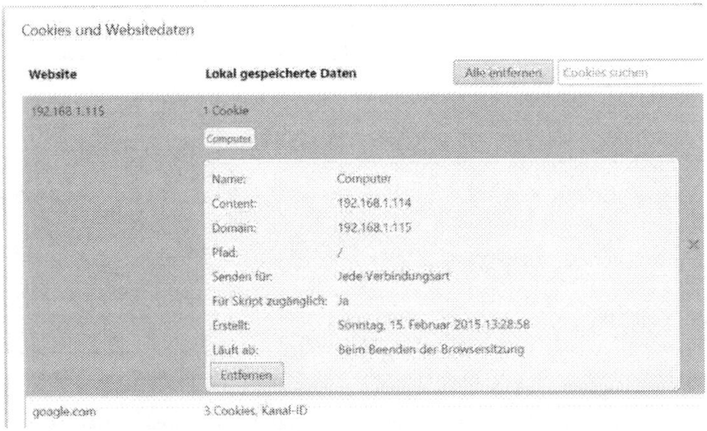


**Abbildung 2.5** Cookies anzeigen bei Google Chrome

**Authentifizierung**

Der Headereintrag WWW-Authenticate dient dem Webserver dazu, Dokumente nur dann anzuzeigen, wenn sich der Benutzer des Clientcomputers mit Kennwort und Benutzername authentifiziert hat. Dazu sendet der Webserver auf Anfrage eines solchen Dokuments den Statuscode 401 (Unauthorized) als Antwort zurück.[5] Der Browser reagiert bei diesem Statuscode mit der Anzeige eines Dialogfensters, in das ein Benutzername und ein Kennwort eingegeben werden muss. Diese beiden Werte werden als neue Anfrage unter Verwendung des Headereintrags „Authorization" an den Webserver zurückgeliefert.

Vor dem Versenden kodiert der Browser die beiden durch einen Doppelpunkt voneinander getrennten Werte nach dem Base64-Verfahren, sofern „Basic Authentication" vom Webserver angefordert wird. Bei Base64 handelt es sich nicht um ein kryptografisches, sondern um ein einfaches Kodierungsverfahren zur Lesbarmachung von binären Daten.

Folgendes Beispiel zeigt das Zusammenspiel zwischen Client und Server. Zunächst sendet der Browser folgende Anfrage zur Anzeige des Dokuments „secure1.txt":

```
GET http://127.0.0.1/secure1.txt HTTP/1.1
Host: 127.0.0.1
↵
```

Daraufhin schickt der Webserver als Antwort den Statuscode 401 und den Headereintrag „WWW-Authenticate" mit der Angabe, dass zur Authentifizierung das Verfahren „Basic Authentication" verwendet werden soll, zurück. Der Wert hinter „Basic realm" wird vom Webserver frei vergeben und legt den zu schützenden Bereich fest.

```
HTTP/1.1 401 Unauthorized
WWW-Authenticate: Basic realm=security
```

---

[5] Details hierzu findet man unter http://tools.ietf.org/rfc/rfc2617.txt

```
Connection: close
↵
```

Als Antwort sendet der Browser erneut die Anfrage mit einem zusätzlichen Headereintrag „Authorization", der den Benutzernamen und das Kennwort als Base64-kodierte Zeichenkette enthält.

```
GET http://127.0.0.1/secure1.txt HTTP/1.1
Host: 127.0.0.1
Authorization: Basic dXNlcjpzZWN1cmU=
↵
```

Da diese Art der Authentifizierung die Daten nicht verschlüsselt, handelt es sich um ein unsicheres Verfahren. Es sollte nur eingesetzt werden, wenn der gesamte HTTP-Datenverkehr unter Verwendung des HTTPS-Protokolls verschlüsselt wird. Das zweite Verfahren „Digital Access" bietet dagegen auch ohne HTTPS die Möglichkeit, die Benutzerkennung zu verschlüsseln.

### Statuscodes

Neben den bisher beschriebenen Statuscodes 200 und 401 gibt es weitere, die in Gruppen unterteilt sind. Statuscodes zwischen 100 und 199 dienen zur Übertragung von einfachen Informationen, zwischen 200 und 299 zur Mitteilung erfolgreicher Aktionen, zwischen 300 und 399 zur Umleitung auf ein anderes Dokument, zwischen 400 und 499 zur Benachrichtigung von Clientfehlern und zwischen 500 und 599 zur Benachrichtigung von Serverfehlern. Tabelle 2.4 zeigt die wichtigsten Statuscodes bei HTTP.

### HTTP-Verben

Neben der bisher beschriebenen Anfragemethode GET gibt es weitere Methoden, die das Anwendungsprotokoll kennt. Zwar können Parameter mit Werten auch mit dem GET-Verb über den Query String an ein Dokument gesendet werden, diese sind jedoch nur für kleine Datenmengen gedacht. Sollen größere Datenmengen übertragen werden, verwendet man die POST-Methode. Hierbei werden die Daten nicht über die URL, sondern als Inhalt übertragen.

| Status-code | Kurztext | Beschreibung |
|---|---|---|
| 200 | OK | Anfrage wurde vom Server erfolgreich bearbeitet. |
| 301 | Moved per-manently | Die angeforderte Ressource befindet sich in der im Headereintrag „Location" angegebenen URL (Redi-rect). Die bisherige URL ist nicht länger gültig. |
| 302 | Found, tem-porarily mo-ved | Die angeforderte Ressource befindet sich temporär in der im Headereintrag „Location" angegebenen URL (Redirect). Die bisherige URL ist weiterhin gültig. |
| 304 | Not modified | Die angeforderte Ressource wurde seit der in Last-Modified angegebenen Adresse nicht geändert und kann vom Browser aus dem Cache gelesen werden. |
| 400 | Bad Request | Die Anfrage war fehlerhaft (z.B. unbekanntes Verb, falsche HTTP-Version). |
| 401 | Unauthorized | Die angeforderte Ressource ist nur mit einer gültigen Authentifizierung möglich. |
| 403 | Forbidden | Zugriff auf diese Ressource ist nicht erlaubt. |
| 404 | Not found | Die angeforderte Ressource wurde nicht gefunden. |
| 500 | Internal Ser-ver Error | Unbekannter Fehler beim Bearbeiten der angeforder-ten Ressource. |
| 501 | Not imple-mented | Anfrage wird vom Server nicht bearbeitet, da diese nicht implementiert ist (z.B. nicht implementierte HTTP-Verben). |

**Tabelle 2.4** Statuscodes unter HTTP/1.1

POST wird hauptsächlich bei HTML-Dokumenten mit Formularen genutzt. Eine typische Anfrage über POST, bei der z.B. in einem Formular der Vor- und Nachname eingegeben und dann auf dem Webserver in einer Datenbank gespeichert werden soll, sieht wie folgt aus:

```
POST http://www.mana-buch.de/138/sample4.php HTTP/1.1
Host: www.mana-buch.de
↵
Vorn=Hans&Nachn=Muster
↵
```

In diesem Fall werden die Daten mit dem Inhalt übertragen, aber in der gleichen Notation wie bei einem Query String. POST wird daher hauptsächlich auch verwendet, um über ein HTML-Dokument eine neue Ressource, wie z.B. einen Datenbankeintrag, auf dem Webserver anzulegen.

GET und POST sind die in Webapplikationen am häufigsten eingesetzten HTTP-Methoden. Daneben existieren laut dem HTTP/1.1 Standard noch weitere, die in Tabelle 2.5 aufgeführt sind.

### Implementierung eines Webservers

Nachdem die Grundlagen der Kommunikation zwischen einem Browser und einem Webserver vorgestellt wurden, soll nun ein einfacher Webserver in Visual Basic programmiert werden, der die HTTP-Methoden GET und POST umsetzt. Dazu wird das Socket-Programmiermodell verwendet. Dabei handelt es sich um eine Programmierschnittstelle zum bidirektionalen Datenaustausch zwischen zwei Computern, die an der Berkeley University of California für das dort entwickelte BSD Unix entworfen wurde. Zur Kommunikation muss auf der Client- und auf der Serverseite jeweils ein Socket („Steckdose, Sockel") erstellt werden. Das Serverprogramm muss den Socket an eine IP-Adresse und eine Portnummer binden. Danach kann der Server an dieser „Leitung" auf eingehende Verbindungen von Clientprogrammen „horchen" (engl. listen).

| HTTP-Methode | Beschreibung |
|---|---|
| GET | Abrufen einer Ressource (auch wenn per Query String hierüber Daten gespeichert werden können, soll diese Methode nach dem Standard nur zum Lesen von Daten verwendet werden.) |
| POST | Sendet Daten, die normalerweise von einem HTML-Formular stammen, an den Webserver, um diese zu verarbeiten. Hiermit können vorhandene Ressourcen bearbeitet und neue angelegt werden. |
| PUT | Hierüber kann eine neue Ressource auf dem Webserver angelegt werden. Nach PUT folgen der Name der neuen Ressource und deren Inhalt. Beispiel:<br>`PUT sample1.txt HTTP/1.1`<br>`Host: www.mana-buch.de`<br>`↵`<br>`Irgendein Inhalt.` |
| DELETE | Hierüber kann eine Ressource auf dem Webserver gelöscht werden. Beispiel:<br>`DELETE sample1.txt HTTP/1.1`<br>`Host: www.mana-buch.de` |
| HEAD | Funktioniert wie die GET-Methode, allerdings wird der Inhalt nicht gesendet. |
| OPTIONS | Anfrage, welche Methoden für eine Ressource verwendet werden können. Über den Headereintrag „Allow" der Antwort des Servers werden die Methoden angegeben. Beispiel:<br>`____________________Request`<br>`OPTIONS http://www.mana-buch.de/sample1.html HTTP/1.1`<br>`Host: www.mana-buch.de`<br>`____________________Response`<br>`HTTP/1.1 200 OK`<br>`Allow: OPTIONS,GET,HEAD,POST,TRACE` |

**Tabelle 2.5** Weitere Methoden unter HTTP/1.1

Sobald eine Verbindungsanfrage von einem Client erfolgt, akzeptiert der Server diese und erhält einen Client-Socket, um Daten vom Client zu lesen und zu senden.

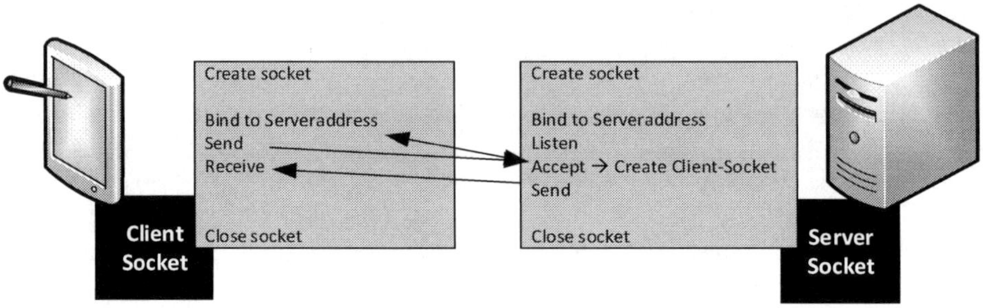


**Abbildung 2.6** Socket-Programmiermodell

Dieses Programmiermodell wird in .NET im Namensraum System.Net.Sockets u.a. in den Klassen TcpClient und TcpListener umgesetzt. Um auf Serverseite auf eingehende Verbindungen zu warten, wird unter Angabe der IP-Adresse und der Portnummer eine Instanz von TcpListener erzeugt. Danach kann der Socket über die Methode Start gestartet und über AcceptTcpClient auf eingehende Verbindungen „gehorcht" werden.

```
Sub Main()
    Dim listener = New TcpListener(IPAddress.Any, 80)
    listener.Start()

    While True
        Try
            Using client = listener.AcceptTcpClient()
...
```

Über die Methode GetStream der Klasse TcpClient kann anschließend ein StreamReader- und ein StreamWriter-Objekt zum Lesen und Schreiben beim Client erzeugt werden. Danach wird die Anfrage vom Webserver gelesen ohne die Anfrage weiter zu interpretieren. Als Antwort wird der Text „Hello from simple Webserver" inklusive Header zurückgeliefert.

```
...
            Using reader = New StreamReader(client.GetStream())
                Using writer = New _
                         StreamWriter(client.GetStream())
                    While reader.Peek() <> -1
                        Console.WriteLine(reader.ReadLine())
                    End While

                    writer.WriteLine("HTTP/1.1 200 OK")
                    writer.WriteLine("Content-Type: text/plain")
                    writer.WriteLine("Connection: close")
                    writer.WriteLine()

                    writer.WriteLine("Hello from Webserver")
                End Using
            End Using
        End Using
    End While

End Sub
```

Sofern Sie den Visual-Basic-Code als Konsolenanwendung implementiert und gestartet haben, öffnen Sie einen Browser und geben eine URL ein, die ihren lokalen Rechner als Host angibt und HTTP als Protokoll verwendet, z.B. http://localhost/irgendwas. Im Browser wird dann der Text „Hello from simple Webserver" zurückgegeben.

Als nächstes sollen Dateien als Ressourcen vom Webserver zurückgeliefert werden. Zur Vereinfachung sollen sich diese im gleichen Ordner wie das Webserverprogramm befinden. Um den Quellcode zu strukturieren, sollen zwei Klassen Request und Response angelegt werden, die für die Verwaltung der Anfrage und der Antwort des Webservers verantwortlich sind. Abb. 2.7 zeigt die beiden Klassen mit ihren Methoden und Eigenschaften.

Die Initialisierung der Request-Klasse erfolgt über ihren Konstruktor, indem über den übergebenen StreamReader die Anfrage vom Client empfangen wird.

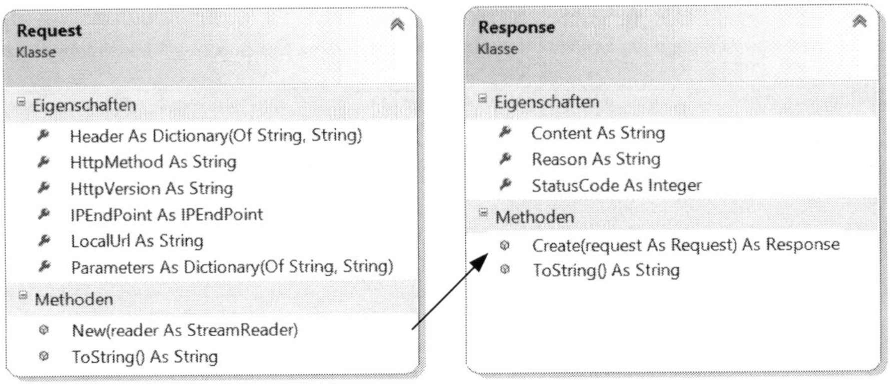


**Abbildung 2.7** Request- und Response-Klasse

Im Konstruktor werden dadurch die entsprechenden Eigenschaften wie HttpMethod, HttpVersion, LocalUrl vom Client gelesen und gesetzt. Für die Headereinträge wird ein Dictionary angelegt, das aus Schlüssel-Wert-Paaren besteht. Die Variable Parameters enthält alle durch den Query String und/oder eine POST-Methode übertragenen Parameter.

Über die überschriebene ToString()-Methode werden alle Eigenschaften der Anfrage ausgegeben.

Folgende Änderungen sind damit an der Main-Methode vorzunehmen:

```
Sub Main()
  Dim listener = New TcpListener(IPAddress.Any, 80)
  listener.Start()

  While True
      Try
          Using client = listener.AcceptTcpClient()
              Using reader = New StreamReader(client.GetStream())
                  Using writer = New _
                              StreamWriter(client.GetStream())
                      Dim request = New Request(reader)
```

```
                Console.WriteLine(request)
...
```

Zur Erzeugung der Antwort wird ein Objekt der Klasse Response über die statische Methode Create gebildet. Wie bei der Request-Klasse ist die ToString()-Methode überschrieben und enthält die Ausgabe, die an den Client zurückgesendet werden soll. Entsprechend wird in der Main-Methode das Objekt zuerst erzeugt und dann über den StreamWriter an den Client gesendet.

```
                Dim resp = Response.Create(request)
                Console.WriteLine(resp)
                writer.Write(resp)
            End Using
        End Using
    End Using
```

Zunächst soll die Klasse Request etwas genauer betrachtet werden. Wie in Abb. 2.7 zu sehen ist, besteht sie aus fünf Eigenschaften, die im Konstruktor gesetzt werden. HttpMethod, HttpVersion und LocalUrl befinden sich in der ersten vom Client gelieferten Zeile. In den nächsten Zeilen folgen die Headereinträge, die dem Dictionary Header hinzugefügt werden.

```
Public Sub New(reader As StreamReader)
    Dim line = reader.ReadLine()
    Dim tokens = line.Split(" "c)

    HttpMethod = tokens(0)
    LocalUrl = tokens(1)
    HttpVersion = tokens(2)

    Header = New Dictionary(Of String, String)()
    line = reader.ReadLine()
    While line IsNot Nothing AndAlso line <> ""
        tokens = line.Split(":"c)
        Header.Add(tokens(0).Trim(), tokens(1).Trim())
```

```
        line = reader.ReadLine()
    End While
...
```

Anschließend werden die übergebenen Parameter ausgelesen. Hierbei muss zwischen der Übergabe über einen Query String, also in der URL, oder über die Methode POST im Inhaltstext unterschieden werden, wobei das Format bei beiden gleich ist. Es handelt sich um Schlüssel-Wert-Paare, die durch das Gleichheitszeichen getrennt sind. Die Parameter werden durch das &-Zeichen voneinander unterschieden. Der folgende Code zeigt zunächst die Erkennung der Parameter bei einem Query String:

```
...
    Parameters = New Dictionary(Of String, String)()

    ' Query String
    If LocalUrl.IndexOf("?"c) <> -1 Then
        Dim parts = LocalUrl.Split(New Char() {"?"c}, 2)
        LocalUrl = parts(0)

        createParameters(parts(1))
    End If
...
```

Zunächst wird die URL aufgeteilt, sodass LocalUrl den vor dem „?" stehenden String zugewiesen bekommt. Der zweite Teil mit den Parametern wird an die private Methode createParameters übergeben. Beachten Sie, dass in dieser vereinfachten Implementierung Fragmente in der URL nicht unterstützt werden.

Etwas anders verhält es sich bei der POST-Methode. Zunächst wird die Länge aller Parameter über den Headereintrag „Content-Length" ermittelt. Diese Anzahl an Zeichen wird dann vom Client empfangen und schließlich auch an die private Methode createParameters übergeben.

```
...
```

```
        ' POST
        If HttpMethod.Equals("POST") Then
            Dim length = Integer.Parse(Header("Content-Length"))
            Dim content = New Char(length - 1) {}

            reader.Read(content, 0, length)

            createParameters(New String(content))
        End If
    End Sub
```

Als letzte Methode der Klasse Request soll createParameters betrachtet werden.

```
Private Sub createParameters(queryString As String)
    Dim params = queryString.Split("&"c)
    For Each parameter As String In params
        Dim keyValue = parameter.Split(New Char() {"="c}, 2)
        Parameters.Add(keyValue(0), keyValue(1))
    Next
End Sub
```

Hier wird die eigentliche Parameter-Zeichenkette durch Trennung an jedem &-Zeichen zunächst in ihre einzelnen Parameter aufgeteilt. Für jeden Parameter wird dann am Gleichheitszeichen das Schlüssel-Wert-Paar aufgetrennt, um es dem Dictionary Parameters hinzuzufügen.

Als nächstes soll die Response-Klasse implementiert werden. Dazu wird die Instanz der Request-Klasse verwendet, um daraus eine Response-Instanz zu erzeugen. Das Request-Objekt wird dafür der statischen Methode Response.Create übergeben. Diese erzeugt zunächst ein „leeres" Response-Objekt und setzt dann, abhängig von der aufgerufenen Methode GET oder POST, die entsprechenden Eigenschaften wie StatusCode und Content.

```
Public Shared Function Create(request As Request) As Response
    Dim response = New Response()
    response.request = request
```

```
    If request.HttpMethod.Equals("GET") Then
        response.[GET](request)
    ElseIf request.HttpMethod.Equals("POST") Then
        response.POST(request)
    Else
        response.notImplemented()
    End If

    Return response
End Function
```

Beim Aufruf einer unbekannten oder nicht implementierten Methode wird in der privaten Methode notImplemented der StatusCode auf 501 (Not implemented) gesetzt. Zur Vereinfachung erfolgt hier keine Unterscheidung zwischen 501 und 400 (Bad Request).

Die private Methode GET zur Behandlung des GET-Verbs ermittelt zunächst, ob die angefragte Datei überhaupt im Ordner des Webservers vorliegt. Abhängig davon wird der StatusCode auf 200 (OK) oder auf 404 (Not found) gesetzt.

```
Private Sub [GET](request As Request)
    Dim filename = request.LocalUrl.Trim("/"c)

    StatusCode = If(File.Exists(filename), 200, 404)
    Content = If(File.Exists(filename), _
                 File.ReadAllText(filename), "")
End Sub
```

Sofern sie existiert, wird der Inhalt der angefragten Datei in die Eigenschaft Content eingelesen. Die Methode POST zur Bearbeitung des POST-Verbs verhält sich genauso wie GET. Der Unterschied besteht darin, dass die durch POST gelieferten Werte an die Datei übergeben und dort verarbeitet werden können. Ein Beispiel hierzu wird am Ende des Kapitels zu serverseitigen

Skriptsprachen gezeigt. Zunächst ruft also die private Methode POST die GET-Methode auf.

```
Private Sub POST(request As Request)
    [GET](request)
End Sub
```

Die überschriebene ToString-Methode wandelt die Antwort in eine HTTP-konforme Nachricht um, sodass diese direkt an den Client gesendet und auch zur Protokollierung ausgegeben werden kann.

```
Public Overrides Function ToString() As String
    Dim response = String.Format("HTTP/1.1 {0} {1}" & _
                        vbCr & vbLf, StatusCode, Reason)

    response += "Connection: close" & vbCr & vbLf
    response += "Content-Type: " + _
          Path.GetExtension(request.LocalUrl).TrimStart("."C) + _
          ";charset=utf-8 " & vbCr & vbLf
    response += vbCr & vbLf
    response += Content

    Return response
End Function
```

### Erweitern um Cookies

Als nächstes soll der Webserver um die Unterstützung von Cookies erweitert werden. Dazu soll bei jedem Aufruf einer Ressource über GET oder POST als Cookie die IP-Adresse des Clientcomputers gesetzt werden. Wird die Ressource erneut aufgerufen, kann man anhand der IP-Adresse ggf. erkennen, ob der Computer diese Ressource schon einmal aufgerufen hat. Da IP-Adressen dynamisch vergeben werden, ist dieses Verfahren zur Wiedererkennung natürlich nicht sicher, aber als einfaches Beispiel für Cookies reicht es aus.

Um einen Cookie beim Clientbrowser zu setzen, muss der Webserver beim Aufruf der Ressource im Header den Headereintrag „Set-Cookie" zurückliefern. Der Wert dieses Headereintrages besteht aus einem Schlüssel-Wert-Paar.

Im Quellcode müssen dazu drei kleine Änderungen vorgenommen werden. Die Klasse Request wird um die neue Eigenschaft IPEndPoint ergänzt, in der sich neben der IP-Adresse z.B. auch die Portnummer zum Client befindet.

```
Public Property IPEndPoint() As IPEndPoint
    Get
        Return m_IPEndPoint
    End Get
    Set
        m_IPEndPoint = Value
    End Set
End Property
Private m_IPEndPoint As IPEndPoint
```

In der Main-Methode wird diese Eigenschaft beim Instanziieren der Request-Klasse wie folgt gesetzt:

```
...
    Dim request = New Request(reader) With {
        .IPEndPoint = DirectCast(client.Client.RemoteEndPoint, _
                      IPEndPoint)
    }
...
```

Schließlich muss in der Response-Klasse der „Set-Cookie"-Eintrag in der ToString-Methode gesetzt werden.

```
Public Overrides Function ToString() As String
    Dim response = String.Format("HTTP/1.1 {0} {1}" & _
```

```
                              vbCr & vbLf, StatusCode, Reason)

    response += "Connection: close" & vbCr & vbLf
    response += "Content-Type: " + _
          Path.GetExtension(request.LocalUrl).TrimStart("."C) + _
          ";charset=utf-8 " & vbCr & vbLf
    response += "Set-Cookie: Computer=" + _
            request.IPEndPoint.Address.ToString() + vbCr & vbLf
...
```

Um zu überprüfen, ob die Cookies auch wirklich gesetzt werden, gibt es mehrere Möglichkeiten. Zum einen kann der eigene Webserver gestartet und die Konsolenausgabe überprüft werden. Abb. 2.8 zeigt die Ausgabe des Webservers bei Anfordern der Datei sample1.html. Bei der ersten Anfrage wird kein Cookie im Headereintrag übergeben, da dieser auf dem Clientcomputer noch nicht durch den Browser gesetzt wurde. Danach erscheint die Antwort des Servers, die über „Set-Cookie" den Cookie auf den Wert „Computer=192.168.1.103" setzt. Beim erneuten Anfordern der Datei wird dieser Cookie nun im Header zurückgeliefert.

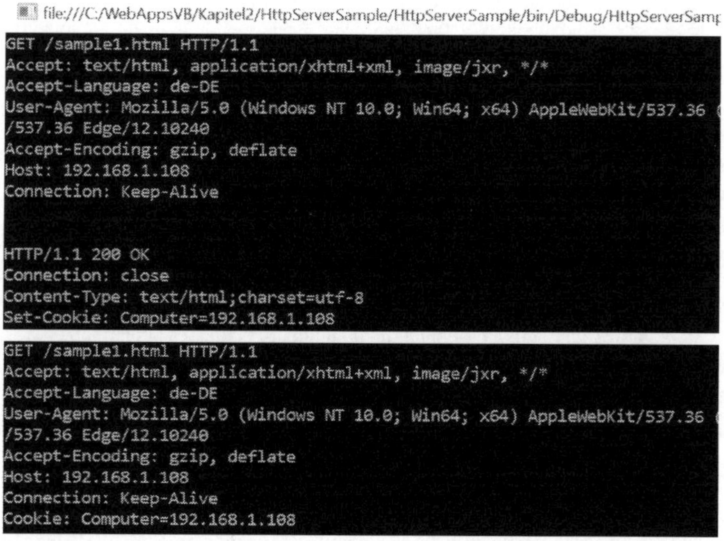


**Abbildung 2.8** Cookies setzen und zurückbekommen

Bei Übertragung mehrerer Schlüssel-Wert-Paare im Cookie können diese z.B. durch Semikolon voneinander getrennt werden.

### Erweitern um Authorization

Zur vereinfachten Darstellung der Funktionalität der Authentifizierung sollen alle Dateien, deren Name das Wort „secure" enthält, erst angezeigt werden, wenn sich der Benutzer mit dem Namen „user" und dem Kennwort „secure" authentifiziert hat.

Dazu muss die ToString-Methode in der Klasse Response zunächst so geändert werden, dass der StatusCode auf 401 (Unauthorized) gesetzt wird, sobald sich der Benutzer nicht authentifiziert hat.

```
Public Overrides Function ToString() As String
    If Not authenticated() Then
        StatusCode = 401
    End If

    Dim response = String.Format("HTTP/1.1 {0} {1}" & vbCr _
                                  & vbLf, StatusCode, Reason)

    response += "Connection: close" & vbCr & vbLf
...
```

Zusätzlich muss der Headereintrag „WWW-Authenticate" mit der Authentifizierungsmethode (Basic Authentication) gesendet werden.

```
...
    If Not authenticated() Then
        response += "WWW-Authenticate: Basic realm=SecArea" _
                    & vbCr & vbLf & vbCr & vbLf
    Else
        Dim filetype = Path.GetExtension(request.LocalUrl). _
                       TrimStart("."c)
```

```
        If filetype = "php" Then
            filetype = "html"
        End If
        response += "Content-Type: text/" + filetype + _
                    ";charset=utf-8" & vbCr & vbLf
        response += "Set-Cookie: Computer=" + request. _
                     IPEndPoint.Address.ToString() + vbCr & vbLf
        response += vbCr & vbLf
    End If

    Return response
End Function
```

Nun fehlt noch die Implementierung der privaten Methode authenticate. Diese überprüft zunächst, ob die angeforderte Ressource das Wort „secure" enthält. Sofern das zutrifft, wird nach dem Headereintrag „Authorization" gesucht. Ist dieser vorhanden, wird die in Base64 kodierte Zeichenkette aus Benutzername und Kennwort dekodiert und auf Übereinstimmung geprüft.

```
Private Function authenticated() As Boolean
    If Not request.LocalUrl.Contains("secure") Then
        Return True
    End If

    Dim authorization = _
            If(request.Header.ContainsKey("Authorization"), _
            request.Header("Authorization"), Nothing)

    If authorization Is Nothing Then
        Return False
    End If

    Dim bytes = _
          Convert.FromBase64String(authorization _
                                        .Replace("Basic ", ""))
    Dim password = Encoding.UTF8.GetString(bytes)
```

```
    Return password = "user:secure"
End Function
```

## Serverseitige Skriptsprachen

Das bisher beschriebene Konzept des World Wide Web ist eher statisch. Vorhandene Dokumente werden von einem Webserver zurückgesendet. Dabei müssen diese Dokumente nicht im HTML-Format vorliegen, sondern es können beliebige Ressourcen sein. Neben statischen Formaten wie HTML, Bildformaten, Text- oder PDF-Dateien, kann der zurückgelieferte Inhalt auch dynamisch auf dem Webserver erzeugt werden. Dazu dienen serverseitige Skriptsprachen wie z.B. PHP, Perl, Python, Ruby oder Razor. Razor wird im letzten Kapitel ausführlich beschrieben.

Um das Prinzip zu verstehen, soll der Webserver um eine einfache serverseitige Skriptsprache erweitert werden, die die an sie übergebenen Parameter und Cookies ausgeben kann. Dabei soll es sich bei den anzufordernden Ressourcen um Textdateien handeln, in denen Platzhalter bereitgestellt werden können. Als Platzhaltersymbole werden zwei aufeinanderfolgende geschweifte Klammern verwendet. Zur Ausgabe von z.B. zwei Parametern mit den Bezeichnern „Nachname" und „Vorname" sieht die Textdatei wie folgt aus:

```
Sehr geehrter Herr {{Vorname}} {{Nachname}},

ich freue mich, dass Sie uns besuchen. Ihr Computer hat die IP-
Adresse {{Cookie}}.

Herzlichen Gruss
Ihr Webserver
```

Damit der Webserver erkennen kann, dass es sich um eine Datei mit serverseitigem Programmiercode handelt, erhalten diese Dateien im Dateinamen die Zeichenkette „.SSS." (z.B. sample.SSS.txt oder sample.SSS.html).

Um den Webserver um die Skriptsprache zu erweitern, wird eine eigene Klasse Script angelegt. Dem Konstruktor der Klasse werden der Inhalt der Datei und das Request-Objekt der Anfrage übergeben. In der Eigenschaft IsScriptFile wird festgehalten, ob es sich um eine serverseitige Skriptdatei handelt.

```
Public Sub New(content As String, request As Request)
    IsScriptFile = request.LocalUrl.Contains(".SSS.")
    Me.content = content
    Me.request = request
End Sub
```

In der überschriebenen ToString-Methode erfolgt nun die Umwandlung der Platzhalter in die entsprechenden Werte. Zunächst werden die Parameter durchlaufen und die in der Datei vorhandenen Platzhalter durch den zum Parameter gehörenden Wert ersetzt. Danach wird der Platzhalter „{{Cookie}}" mit einem ggf. vom Browser übergebenen Cookie getauscht.

```
Public Overrides Function ToString() As String
    Dim generated = content

    If Not IsScriptFile Then
        Return content
    End If

    ' Parameter ersetzen
    For Each parameter As KeyValuePair(Of String, String) _
    In request.Parameters
        Dim key = "{{" + parameter.Key + "}}"
        generated = generated.Replace(key, parameter.Value)
    Next

    ' Cookie ersetzen
    If request.Header.ContainsKey("Cookie") Then
        generated = generated.Replace("{{Cookie}}", _
                    request.Header("Cookie"))
```

```
    End If

    Return generated
End Function
```

Zum Testen erstellen Sie die obige Textdatei mit dem Namen „sample.SSS.txt", starten den Webserver und geben folgende URL im Browser ein:

```
http://localhost/sample.SSS.txt?Vorname=Hans&Nachname=Muster
```

### Clientseitige Skriptsprachen

Im Gegensatz zu serverseitigen werden clientseitige Skriptsprachen im Browser auf dem Clientcomputer ausgeführt. Der Quellcode der Skriptsprachen befindet sich entweder eingebettet im HTML-Dokument oder als Verweis in einer externen Datei. Clientseitige Skriptsprachen können das HTML-Dokument dynamisch anpassen und interaktiv gestalten.

Die bekannteste und am häufigsten eingesetzte Skriptsprache in Browsern ist JavaScript. Das folgende Beispiel eines HTML-Dokuments enthält eine eingebettete Zeile JavaScript, um eine Nachricht in einem Dialogfenster anzuzeigen:

```
<!DOCTYPE html>
<html>
  <head>
    <script>alert('Hallo Welt')</script>
    <title>Simples JavaScript</title>
  </head>
</html>
```

Die clientseitige Skriptsprache JavaScript wird ausführlich in Kapitel 6 beschrieben.

### Exkurs: Analyse von HTTP über Fiddler

Der am Ende des Kapitels entwickelte Webserver dient zur Verdeutlichung der Kommunikation zwischen einem Client und einem Server über HTTP. Von einem produktiv eingesetzten Webserver ist er jedoch noch weit entfernt: Abgesehen von fehlender Ausnahmebehandlung weist er gravierende Sicherheitslücken auf. Eine Sicherheitslücke soll zum Schluss mit dem Programm Fiddler, das man unter http://www.telerik.com/fiddler kostenlos herunterladen kann, beschrieben werden.

Fiddler ist ein Programm, mit dem man HTTP-Anfragen selbst erstellen, HTTP-Datenverkehr abfangen und HTTP-Anfragen und -Antworten analysieren kann. Hier soll gezeigt werden, wie eine eigene Anfrage in Fiddler erzeugt wird. Nach dem Starten von Fiddler wählt man auf der rechten Seite die Registerkarte „Composer" (1). Diese soll so eingestellt werden, dass mit dem Verb GET die Datei „../test.txt" übertragen wird (2). Danach führt man die Anfrage aus und erhält auf der linken Seite den dazugehörigen HTTP-Datenverkehr (3).

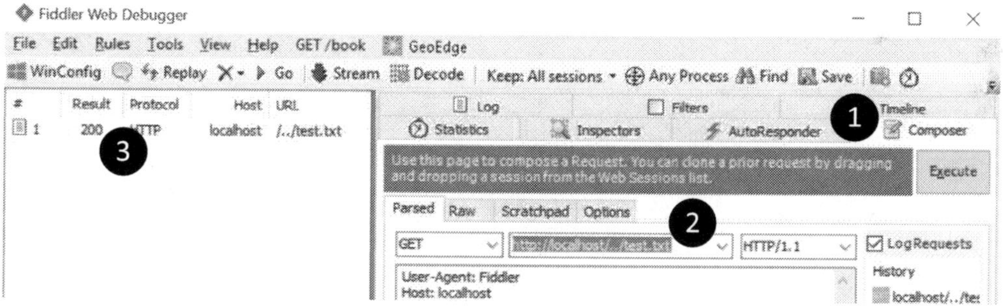


**Abbildung 2.9** HTTP-Datenverkehr mit Fiddler analysieren

Wie der Abb. 2.9 zu entnehmen ist, wird als Statuscode 200 (OK) zurückgeliefert. Da der Webserver zurzeit auch relative Pfade annimmt, akzeptiert er auch „..", um zum nächsthöheren Ordner zu wechseln. So kann auf alle Ordner des Servercomputers zugegriffen werden.

## Zusammenfassung

Dieses Kapitel hat das Kommunikationsprotokoll HTTP ausführlich erläutert. Dazu wurden das eingehende Format der Anfragen (Request) und das ausgehende Format der Antworten (Response) beleuchtet. In diesem Zusammenhang wurde auch der Aufbau einer URL beschrieben und gezeigt, wie man Parameter an ein Dokument übergeben kann.

Es wurden mit GET und POST die wichtigsten Methoden von HTTP dargestellt. Besonderheiten wie Cookies, Authentifizierung und serverbasierte Skriptsprachen wurden erklärt und in einem eigenen in Visual Basic geschriebenen Webserver umgesetzt.

Das nächste Kapitel beschäftigt sich mit dem dritten Bestandteil des World Wide Web, der Dokumentenauszeichnungssprache HTML und zeigt, wie man HTML-Dokumente strukturieren und erstellen kann.

# 3 HyperText Markup Language (HTML)

## Worum geht es in diesem Kapitel?

- Was ist HTML?
- Worin besteht der Unterschied zu XHTML?
- Was ist ein Markup?
- Wie unterscheiden sich Elemente von Attributen?
- Wie sind HTML-Dokumente aufgebaut und wie können sie strukturiert werden?
- Welche HTML-Elemente gibt es für Hyperlinks, Grafiken, Listen und Tabellen?
- Wie können HTML-Seiten Benutzereingaben über Formulare entgegennehmen?

## Allgemein

HTML steht für HyperText Markup Language und stellt eine textbasierte Auszeichnungssprache dar, mit der man Dokumente beschreiben und Verweise auf andere Dokumente erstellen kann. HTML ist leicht und intuitiv zu erlernen und zu verstehen, da es als Textdatei vorliegt. Es besteht aus reinem Text, Auszeichnungen und Verweisen auf andere Dateien wie z.B. Bilder. Dabei wird der Text durch Auszeichnungen (Markups oder Tags) unterteilt und damit semantisch strukturiert, aber nicht formatiert. Das folgende einfache HTML-Dokument soll das verdeutlichen:

```
<!DOCTYPE html>

<html xmlns="http://www.w3.org/1999/xhtml">
<head>
    <meta charset="utf-8" />
    <title>HyperText Markup Language</title>
</head>
<body>
```

```
    <h1>Einfaches HTML-Dokument</h1>
    <p>In diesem Paragraphen folgt eine <br><br/>
     kurze Beschreibung.</p>
<!-- Das hier ist ein HTML-Kommentar -->
</body>
</html>
```

Der Tag <!DOCTYPE> legt zunächst fest, dass es sich bei dem betreffenden Text um ein HTML-Dokument handelt. Darauf folgt der eigentliche HTML-Code, der mit dem öffnenden Tag <html> beginnt. Zu jedem Tag gibt es ein öffnendes und ein schließendes Tag. Geschlossen wird ein Tag durch den Schrägstrich. Im Beispiel findet sich daher entsprechend ein schließendes </html>. Zwischen diesen beiden Tags steht die Dokumentenbeschreibung. Der eigentliche Textkörper befindet sich zwischen dem öffnenden und schließenden <body>-Tag. Mit dem strukturierenden <h1>-Tag wird eine Überschrift der ersten Kategorie erstellt, allerdings nicht festgelegt, wie die Überschrift dargestellt werden soll (Schriftgrad, Schriftart usw.). Solche Formatierungen werden zum einen dem Browser überlassen. Zum anderen sind sie über Cascading Style Sheets (CSS) möglich, die in Kapitel 4 beschrieben werden. Das <p>-Tag schließlich erzeugt einen Absatz (Paragraph). Möchte man innerhalb des Absatzes einen Zeilenumbruch erzielen, verwendet man das <br>-Tag. Um den HTML-Code mit eigenen Kommentaren zu versehen, verwendet man die Syntax <!-- Kommentar -->. Beachten Sie das Ausrufezeichen hinter dem Kleiner-als-Zeichen, das gerne vergessen wird.

In diesem Kapitel wird HTML in der Version 5, auch als HTML5 bezeichnet, erklärt. Dieser Standard wurde im Oktober 2014 vom „World Wide Web Consortium (W3C)" verabschiedet und in zwei Modi veröffentlicht: HTML5 und XHTML. Im Gegensatz zu XHTML kann man HTML5 als das „tolerantere" HTML bezeichnen, da es bestimmte „Versäumnisse" des Erstellers eines HTML-Dokuments erlaubt. So ist es z.B. in HTML5 nicht zwingend notwendig, dass jedes öffnende auch ein schließendes Tag besitzt. Auch Groß-/Kleinschreibung wird bei den Tags nicht beachtet. XHTML dagegen erwartet, dass alle Tags kleingeschrieben und immer geschlossen werden. Das obige Beispieldokument erfüllt die Anforderungen von XHTML. Als HTML5-Dokument ist es kürzer und sieht wie folgt aus:

```
<!DOCTYPE html>

<title>HyperText Markup Language</title>

<h1>Einfaches HTML-Dokument</h1>
<p>In diesem Paragraphen folgt eine kurze Beschreibung.
```

XHTML orientiert sich an der allgemeinen Auszeichnungssprache XML (Extensible Markup Language) und ist damit strenger in der Analyse des Dokuments. XHTML-Dokumente können dadurch leichter und vor allem eindeutiger durch Computerprogramme verarbeitet werden.[6]

Als Webentwickler sollte man die restriktivere XHTML-Syntax verwenden, auch wenn es etwas mehr Schreibarbeit ist. Um die selbst geschriebenen HTML-Dokumente auf ihre Syntax zu überprüfen, kann man entweder eine Entwicklungsumgebung wie Microsoft Visual Studio oder eine der gängigen Validierungs-Webseiten wie z.B. http://validator.w3.org oder https://html5.validator.nu verwenden.

Zum Erstellen der HTML-Dokumente reicht ein einfacher Texteditor aus. Bei komplexeren Dokumenten sollte man auf jeden Fall eine Entwicklungsumgebung nutzen, da diese Autovervollständigung, Debugging u.a. unterstützt. Achten Sie beim Speichern der HTML-Textdateien darauf, dass die im HTML-Code angegebene Zeichenkodierung verwendet wird (normalerweise UTF-8). Ansonsten werden Zeichen, die nicht im ASCII-Zeichensatz definiert sind, ggf. falsch dargestellt. Erstellen Sie die HTML-Dateien z.B. im Editor von Windows, wählen Sie, wie in Abb. 3.1 zu sehen, die entsprechende Codierung aus.

---

[6] Damit der Browser das HTML-Dokument nach XHTML validiert, muss der Webserver als Content-Type den MIME-Typ „application/xhtml+xml" verwenden

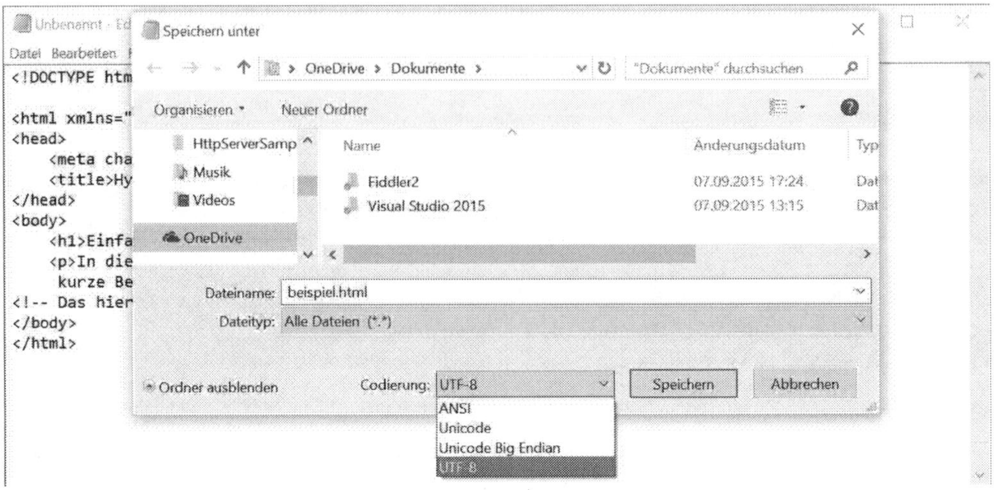


**Abbildung 3.1** Codierung der HTML-Dateien

## HTML Elemente und Attribute

Öffnendes und schließendes Tag sowie dessen Inhalt werden auch als HTML-Element bezeichnet. HTML-Elemente können im öffnenden Tag HTML-Attribute enthalten, die über ein Schlüssel-Wert-Paar dessen Darstellung beeinflussen. Erweitert man das Beispiel wie folgt um das title-Attribut, zeigt der Browser den Wert des title-Attributes an, wenn man den Cursor über dem Element „verweilen" lässt:

```
<h1 title="Mein erstes HTML-Dokument">
  Einfaches HTML-Dokument
</h1>
```

Globale Attribute wie das title-Attribut sind auf alle HTML-Elemente anwendbar. Weitere wichtige globale Attribute sind in Tabelle 3.1 aufgeführt.

| Attribut | Werte | Beschreibung |
|---|---|---|
| class | Text | Bezeichnung einer CSS-Klasse (siehe weiter unten zu CSS). |
| id | Text | Allgemeiner Bezeichner, über den ein Element z.B. über JavaScript angesprochen werden kann. |
| hidden | hidden | Element ist unsichtbar. |
| style | CSS | Formatierungen setzen. Hinweis: Sollte generell über das class-Attribut erfolgen. |

**Tabelle 3.1** Globale HTML-Attribute

## Character Entities

Da bestimmte Zeichen wie z.B. „<“ reservierte Zeichen sind, also nicht im normalen Text erscheinen dürfen, gibt es vordefinierte Character Entities, um diese Zeichen auszugeben. Für „<“ lautet der Character Entity „<“. Ein Entity beginnt immer mit dem „&“-Zeichen und wird mit dem Semikolon abgeschlossen. Anzuzeigende Leerzeichen werden über „ “ erzwungen, da Leerzeichen und Zeilenumbrüche im HTML-Code nicht als solche berücksichtigt werden. Um einen bedingten Trennstrich einzufügen, verwendet man den Entity „“. Eine vollständige Liste aller Character Entities findet man auf der Website der W3C unter http://dev.w3.org/html5/html-author/charref.

## Aufbau eines HTML-Dokuments

Wie in Abb. 3.2 zu sehen, beginnt jedes HTML-Dokument mit der Deklaration <!DOCTYPE html>. Darauf folgt der eigentliche HTML-Code zwischen dem öffnenden und schließenden <html>-Tag.

Das Dokument selbst besteht aus einem Kopfbereich, der über das <head>-Element beschrieben wird, und einem Textkörper (<body>), der den eigentlichen Textinhalt beschreibt.

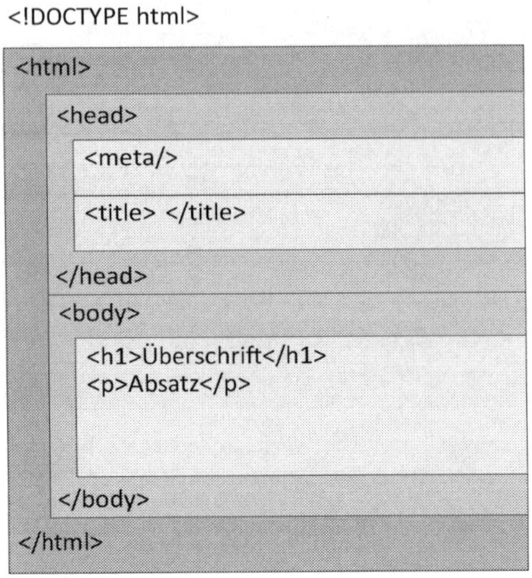


**Abbildung 3.2** Aufbau eines HTML-Dokuments

Im Kopfbereich wird der Titel über das <title>-Element beschrieben. Dieses wird bei den Browsern üblicherweise als Bezeichnung der Registerkarte angezeigt. Neben dem Titel gibt es vier weitere wichtige Auszeichnungen, die im Kopfbereich verwendet werden können:

- meta
- style
- link
- script

Über das <meta>-Tag können beschreibende Informationen zum Dokument angegeben werden. Da das Element keinen eigenen Inhalt hat, benötigt der Tag keinen eigenen schließenden Tag. Stattdessen kann man die selbstschließende Form verwenden und das öffnende Tag, wie in der Abbildung dargestellt, durch „/>" schließen. Neben der Angabe der Kodierung über das Attribut charset können zwei weitere Attributkombinationen verwendet werden:

- name, content und lang
- http-equiv und content

Über die Attribute name und description können das Erstellungsdatum, der Autor oder auch Schlüsselwörter, die den Text beschreiben, angegeben werden. Die zu verwendenden Werte sind nicht standardisiert, es gibt jedoch bekannte Werte wie z.B. author, keywords, description, die von den Suchmaschinen ausgelesen werden.

http-equiv dagegen enthält Informationen, die für den Webserver interessant sind und genutzt werden können, um z.B. zu einer anderen URL weiterzuleiten. Daneben können hierüber auch Cookies gesetzt oder eine Authentifizierung erzwungen werden. Diese sind jedoch nicht konform mit dem Standard. Der folgende HTML-Code ergänzt das bisherige Beispiel um weitere Metadaten zur Beschreibung des Dokuments, wobei für jeden Metaeintrag ein neues Element erzeugt werden muss. Zudem wird über http-equiv nach 10 Sekunden auf eine andere Website gewechselt.

```
<!DOCTYPE html>

<html lang="de" xmlns="http://www.w3.org/1999/xhtml">
<head>
    <meta charset="utf-8" />
    <meta name="author" content="Hans Muster" />
    <meta name="keywords" content="HTML5, Webentwicklung" />
    <meta name="description" content="Mein HTML-Dokument!" />
    <meta http-equiv="Refresh" content="10;
                                 URL=http://buch.mana-buch.de">
    <title>HyperText Markup Language</title>
...
```

### HTML Formatierungen

Über den <style>-Tag können Formatierungen deklariert werden, um diese auf beliebige andere Elemente anzuwenden. Mit HTML5 ist das die präferierte Methode zur Formatierung von HTML-Elementen. Hierauf wird ausführlich im nächsten Kapitel zum Thema CSS eingegangen. Die Formatierungen für Stile werden zwischen öffnendem und schießendem

Tag im CSS-Format angegeben. Als ersten Wert erwartet ein CSS-Eintrag ein HTML-Element, das formatiert werden soll, z.B. <body>. Danach werden in geschweiften Klammern die Formatierungen geschrieben.

```
...
   <style>
        body       { background-color:lightgray }
        p.MeinStil { font-style:oblique; font-size:large}
    </style>
    <title>HyperText Markup Language</title>
</head>
<body>
    <h1>Einfaches HTML-Dokument</h1>
    <p class="MeinStil">Hier kommt ein Paragraph.</p>
...
```

Über den ersten CSS-Stil wird implizit dem<body>-Element die Hintergrundfarbe hellgrau zugewiesen. Daneben können Stile auch explizit vergeben werden, indem man durch den Punkt getrennt einen Klassennamen für den Stil vergibt, z.B. MeinStil. Dieser Stil ist dann nur auf Paragraphen mit dem <p>-Tag anwendbar. Außerdem können auch Stile deklariert werden, die auf alle Elemente angewendet werden, indem man den Tag weglässt. Um einem Element diesen Stil zuzuweisen, verwendet man das HTML-Attribut class. Abb. 3.3 zeigt das Beispiel im Browser.

**Abbildung 3.3** Beispiel für das <style>-Tag

Stile können auch als externe Dateien mit der Endung „.css" für Cascading Style Sheet gespeichert und über das <link>-Tag in ein HTML-Dokument eingebunden werden. Die CSS-Datei besteht dabei nur aus den Stilen, also ohne die <style>-Tags. Über <link> wird diese dann wie folgt eingebunden:

```
...
    <link rel="stylesheet" href="allgemein.css"/>
    <title>HyperText Markup Language</title>
...
```

Das rel-Attribut gibt an, in welchem Verhältnis das Dokument zum HTML-Dokument steht und über href wird ein relativer Pfad bezogen auf die HTML-Datei oder eine vollständige URL angegeben.

Das letzte wichtige Element im Kopfbereich ist das <script>-Tag. Hiermit kann clientseitiger Skriptcode in das HTML-Dokument eingebunden werden. Dies erfolgt entweder direkt zwischen dem schließenden und öffnenden Tag oder über eine extern eingebundene Datei. Das folgende Beispiel gibt die aktuelle Uhrzeit im Dokument aus, die über JavaScript ermittelt wird:

```
    <script>
        var date = new Date();
        var time = date.toTimeString();
    </script>
    <noscript>
        Bitte aktivieren Sie JavaScript
    </noscript>
    <title>HyperText Markup Language</title>
</head>
...
```

Auf die Syntax von JavaScript wird ausführlich in Kapitel 6 eingegangen. Wichtig ist noch zu erwähnen, dass über das <noscript>-Tag eine Ausgabe für den Benutzer erfolgen kann, falls JavaScript vom Browser nicht aktiviert ist.

Nun muss die Uhrzeit noch im Textkörper ausgegeben werden. Dazu wird für das <body>-Element das onload-Attribut gesetzt. Hier wird JavaScript-Code ausgeführt, der dem Text des HTML-Elements mit dem Bezeichner „clock" die Uhrzeit aus der Variablen „time" zuweist.

```
...
<body onload="document.getElementById('clock').innerText = time">
    <h1>Einfaches HTML-Dokument</h1>
    <p>Hier kommt ein Paragraph mit Uhrzeit
      <span id="clock">Uhrzeit</span>.
    </p>
</body>
```

Erkennbar ist, dass über das id-Attribut jedem HTML-Element ein Bezeichner zugewiesen werden kann, um diesen über JavaScript oder andere HTML-Elemente anzusprechen. Das hier verwendete <span>-Element wird im nächsten Abschnitt erläutert.

### Dokumentenstruktur

Vor allem mit HTML5 wurden viele neue semantische Elemente eingeführt, um das Dokument in verschiedene Bereiche zu teilen. Die einfachsten Tags zur Strukturierung des Dokuments sind <span> und <div>. Das <span>-Element ist ein Inline-Element, d.h. es wird kein neuer Absatz für das Element erzeugt, sondern es wird in der gleichen Zeile dargestellt. <div> dagegen ist ein Block-Element, das automatisch einen neuen Absatz erzeugt.

Folgendes Beispiel zeigt das <div>- und <span>-Element. Zur visuellen Unterscheidung werden alle <div>-Elemente über einen CSS-Stil auf kursiv gesetzt und die <span>-Elemente invertiert dargestellt.

```
...
    <style>
        span { background-color:black; color:white }
        div  { font-style:oblique }
```

```
        </style>
    </head>
    <body>
        <h1>Einfaches HTML-Dokument</h1>
        <p>Paragraph <span>mit span-Element</span> in gleicher Zeile.
            <div> div-Element in neuem Absatz</div>
        </p>
    </body>
```

Das Ergebnis ist in Abb. 3.4 zu sehen.

**Abbildung 3.4** Beispiel für <div> und <span>

Mit HTML5 stehen weitere strukturierende Elemente zur Verfügung. Unterteilen <div> und <span> den Text in beliebige Bereiche, decken die neuen Elemente <footer>, <header>, <section> und <aside> bestimmte semantische Teile ab. So sollte ein <footer> z.B. Informationen zum Autor oder zum Impressum enthalten und kann über einen eigenen Tag gesondert formatiert werden. <section> hat eher die Bedeutung eines Abschnitts oder Kapitels. <header> stellt den Kopfbereich mit z.B. Logo und Hauptüberschrift dar. <aside> dient zur Darstellung einer Seitenleiste.

Allgemein gilt, dass <div> und <span> nur dann verwendet werden sollten, wenn sie technisch benötigt werden, um z.B. mit JavaScript dynamisch Elemente zu ändern oder um einzelne Textteile über CSS besonders hervorzuheben.

Über das <article>-Tag können im Textkorpus einzelne Artikel semantisch unterschieden werden. Um eingebundene Grafiken gesondert zu formatieren stehen die beiden Tags <figure> und <figcaption> zur Verfügung. Das folgende Beispiel verwendet die beschriebenen semantischen Tags:

```
<body>
  <article>
    <h1>Die Tags article und figure</h1>
        <figure>
            <img src="content/html5-logo.png" />
            <figcaption>Abb. 1 HTML-Logo</figcaption>
        </figure>

        <p>HTML ist eine textbasierte Auszeichnungssprache,
         mit der man Dokumente beschreiben und Verweise auf
         andere Dokumente erstellen kann.
         <aside>
            HTML5 steht für HyperText Markup Language 5
         </aside>
         HTML ist leicht und intuitiv zu erlernen und zu
...
```

Zunächst wird der Text im <body>-Element als <article> gekennzeichnet. Dann folgt die Anzeige eines Logos, das über <figure> und <figcaption> für die Unterschrift als Abbildung markiert wird. Schließlich folgt der Text zum eigentlichen Artikel. Im Text wird eine Notiz über das <aside>-Element eingeblendet. Ohne entsprechende Formatierungen wird das Dokument wie in Abb. 3.5 dargestellt.

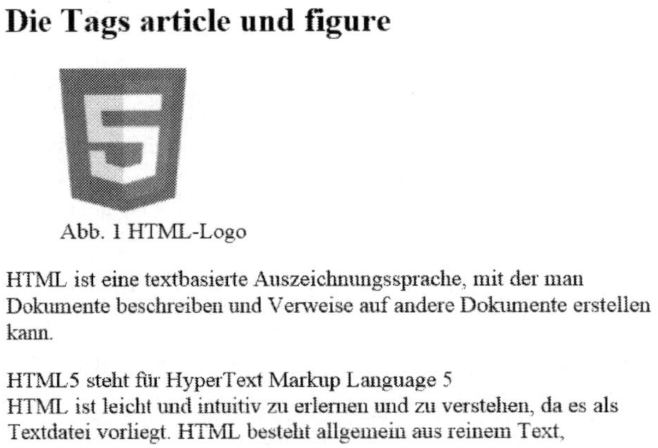


**Abbildung 3.5** Semantische Strukturelemente ohne Formatierungen

Wie man aus der Abbildung erkennen kann, werden weder das Logo noch die Notiz gesondert dargestellt. Das erreicht man über CSS-Stile, die auf die semantischen Elemente anwendet werden.

Folgendes <style>-Element wird auf das Dokument angewendet:

```
<style>
    figure     { float: right; }
    figcaption { font-size: x-small }
    aside      { float: left;
                 width: 150px;
                 text-align: left;
                 background-color: gray;
                 color: white;
               }
    article    { text-align: justify }
</style>
```

Da die Stile weitgehend selbsterklärend sind und auf CSS im nächsten Kapitel eingegangen wird, soll in Abb. 3.6 das Dokument unter Anwendung der Stile gezeigt werden.

Erkennbar ist, dass durch die klare Trennung zwischen der Dokumentenstruktur und der Formatierung der HTML-Code übersichtlicher ist und Änderungen an der Formatierung vereinfacht werden.

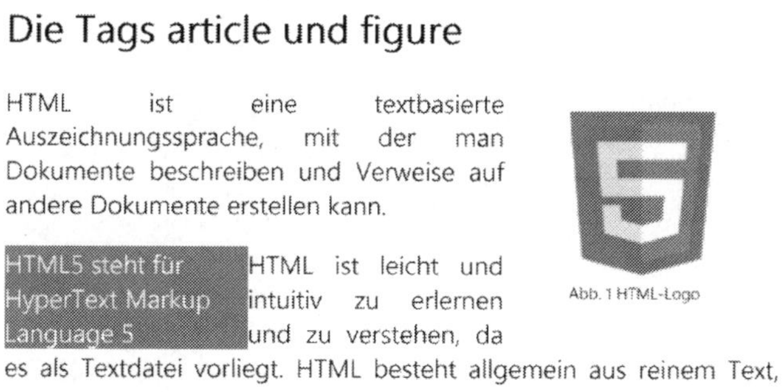


**Abbildung 3.6** Semantische Strukturelemente mit Formatierungen

Als letztes semantisches Tag zur Strukturierung soll <nav> erwähnt werden, das Bereiche wie Menüs kennzeichnet, die zur Navigation vorgesehen sind, und auf weitere HTML-Dokumente verzweigt. Als semantisches Tag besitzt es keine weiteren eigenen Attribute.

Das folgende Beispiel zeigt eine einfache Menüleiste mit Verweisen auf weitere Dokumente:

```
<nav>
    <a href="products.html">Produkte</a> |
    <a href="services.html">Dienstleistungen</a> |
    <a href="about.html">Über</a>
</nav>
```

## Textformate

Auch wenn man über HTML grundsätzlich nicht festlegen soll, wie die Elemente dargestellt werden, gibt es dennoch Formate, die deren Aussehen beeinflussen.

So wird das <strong>-Tag dafür verwendet, Text hervorzuheben. Der Browser entscheidet, wie dieses Element angezeigt wird. Standardmäßig wird es in Fettschrift dargestellt, kann aber über CSS-Stile entsprechend angepasst werden. Es gibt aktuell außerdem das <b>-Tag, um beabsichtigt Fettschrift zu verwenden. Von deren Verwendung wird jedoch abgeraten, da dadurch eine bewusste Formatierung genutzt wird. Es ist davon auszugehen, dass dieses Markup in zukünftigen HTML-Standards nicht mehr verwendet werden darf. Das folgende Beispiel zeigt HTML-Elemente zur semantischen Formatierung von Text:

```
<strong>strong text</strong><br />
<em>emphasized text</em><br />
<small>small text</small><br />
<mark>marked text</mark><br />
<del>deleted text</del><br />
```

```
<ins>inserted text</ins><br />
<sup>superscript text</sup><br />
<sub>subscript text</sub><br />
```

## Multimedia

Im letzten Abschnitt wurde schon gezeigt, wie Bilder in HTML-Dokumente über das <img>-Element eingebunden werden. Bei <img> handelt es sich um ein selbstschließendes Element, das die in Tabelle 3.2 aufgeführten Attribute enthalten kann.

| Attribut | Werte | Beschreibung |
|---|---|---|
| src | URL | Bestimmt die URL oder den relativen Pfad zur Bilddatei. |
| alt | Text | Alternativer Text für das Bild, der z.B. angezeigt wird, wenn das Bild nicht geladen werden kann. |
| height, width | Pixelgröße | Höhe/Breite des Bildes. Falls das Bild größer oder kleiner ist, wird entsprechend skaliert. |

**Tabelle 3.2** Attribute des <img>-Elementes

Neben den weit verbreiteten pixelbasierten Dateiformaten jpeg, gif und png unterstützen die bekannten Browser auch das Vektorgrafikformat SVG (Scalable Vector Graphics). SVG wird wie HTML von der W3C spezifiziert und beschreibt über Markups zweidimensionale Grafiken. SVG-Grafiken können z.B. mit der freien Software Inkscape erzeugt werden. Möchte man im HTML-Dokument keinen Verweis auf die Grafik, kennt HTML das <svg>-Tag. Hierüber kann das SVG-Format direkt in ein HTML-Dokument eingebettet werden. Das folgende Beispiel zeigt die Einbettung einer SVG-Grafik und die Anzeige über einen Verweis mit dem <img>-Element:

```
<img width="100" height="100" src="content/html5-logo.svg" />
```

```
<svg width="100" height="100">
    <circle cx="100" cy="100" r="100" fill="red" stroke="blue" />
</svg>
```

Mit HTML5 wurden auch Markups zum Abspielen von Videos und Audios eingeführt. Wie beim <img>-Element wird beim <video>- und <audio>-Tag über das src-Attribut die URL für die Mediendatei angegeben. Tabelle 3.3 listet die wichtigsten Attribute für das <video>- und <audio>-Tag auf.

| Attribut | Werte | Beschreibung |
|---|---|---|
| src | URL | Bestimmt die URL oder den relativen Pfad zur Video-/Audiodatei. |
| autoplay | autoplay | Video/Audio wird sofort abgespielt. |
| loop | loop | Wiederholtes Abspielen des Videos/Audios. |
| muted | muted | Stummschalten des Videos/Audios. |
| height, width | Pixelgröße | nur Video: Höhe/Breite des Videos. Falls das Bild größer oder kleiner ist, wird entsprechend skaliert. |
| poster | URL | nur Video: Bilddatei, die beim Laden und vor dem Abspielen angezeigt wird. |

**Tabelle 3.3** Attribute der <video>- und <audio>-Elemente

In der einfachsten Form lassen sich Audios und Videos so verwenden, dass nur das src-Attribut auf die URL des Bildes gesetzt wird. Das führt jedoch aufgrund der Unterstützung unterschiedlicher Video- und Audioformate nicht immer zum gewünschten Ergebnis. Daher ist es möglich, für eine Video-/Audiodatei verschiedene Formate anzubieten. Dazu muss das <source>-Element in das <video>- bzw. <audio>-Element eingebettet werden. Das <source>-Element enthält drei Attribute, die in Tabelle 3.4 aufgeführt sind.

| Attribut | Wert | Beschreibung |
|---|---|---|
| src | URL | Bestimmt die URL oder den relativen Pfad zur Video-/Audiodatei. |
| type | MIME-Type | Video/Audioformat als MIME-Type. |
| media | media-Angabe | Gibt an, für welche Medienausgabe die Datei geeignet ist. |

**Tabelle 3.4** Attribute des <source>-Elementes

Über das type-Attribut kann der MIME-Type der Datei angegeben werden. Aktuell sieht der Standard folgende Video- und Audio-Formate vor: video/mp4, video/ogg, video/webm und audio/mp3, audio/ogg, audio/wav. Über die media-Eigenschaft kann zudem festgelegt werden, für welches Ausgabemedium die Datei verwendet werden kann. Der folgende HTML-Code zeigt die Videodatei „big_buck_bunny"[7] an. Je nach Browser werden dabei unterschiedliche Video-Formate verwendet. Beim Laden wird die Bilddatei „poster.png" angezeigt, wenn der Browser das <video>-Element nicht unterstützt, der Textinhalt.

```
<video controls="controls" autoplay="autoplay"
       poster="content/poster.png">
  <source src="content/big_buck_bunny_480p.mp4"
   type="video/mp4" media="screen and (min-width:800px)"/>
  <source src="content/big_buck_bunny.mp4" type="video/mp4" />
  <source src="content/big_buck_bunny.ogg" type="video/ogg" />
  <source src="content/big_buck_bunny.webm" type="video/webm" />
              Ihr browser unterstützt kein video!
</video>
```

Über das media-Attribut wird festgelegt, dass die Datei „big_buck_bunny_480p.mp4" nur dann angezeigt wird, wenn die Breite des

[7] Video „Big Buck Bunny" der Blender Foundation, http://www.blender.org

Browserfensters mindestens 800 Pixel breit ist. Unterhalb dieser Breite wird „big_buck_bunny.mp4" verwendet.

Abb. 3.7 zeigt die Anzeige des Video-Elementes im Internet Explorer, der standardmäßig in Version 11 bisher nur das mp4-Format unterstützt.

**Abbildung 3.7** Anzeige des <video>-Elementes im Internet Explorer 11

### Hyperlinks

Das wohl wichtigste HTML-Markup ist der Verweis auf andere HTML-Dokumente. Hierzu dient das <a>-Tag, bei dem über das href-Attribut eine URL zu einem anderen Dokument angegeben wird. Ohne weitere Attributangaben erscheint das neue Dokument im selben Browserfenster. Tabelle 3.5 listet die wichtigsten Attribute für das <a>-Tag auf.

| Attribut | Wert | Beschreibung |
|---|---|---|
| href | URL | Bestimmt die URL oder den relativen Pfad der Ressource, auf die verzweigt werden soll. |
| type | MIME-Type[8] | Bestimmt den Typ der verzweigten Ressource, z.B. text/html, text/plain, application/pdf. |
| target | _self, _blank | Legt fest, wie das Dokument geöffnet werden soll<br>_self: im selben Browserfenster wie das Dokument<br>_blank: neue(s) Browserfenster, -registerkarte. |
| download | download | Legt fest, dass die Ressource zum Speichern heruntergeladen werden kann. |
| media | media-Angabe | Gibt an, für welche Medienausgabe die Datei geeignet ist. |

**Tabelle 3.5** Attribute des <a>-Elementes

Der erste Hyperlink im folgenden Beispiel verweist auf ein internes Dokument. Der zweite bietet einen Download für ein Bild an und der dritte verwendet ein Bild als Hyperlink und öffnet ein neues Browserfenster.

```
<a href="sample.html">Beispiellink</a> |
<a href="content/poster.png" download="download"
   type="image/png">Bilddownload
</a> |
<a href="http://www.w3.org/TR/html5/">
   <img src="content/html5-logo.png" target="_blank" />
</a>
```

Über CSS-Stile kann das Verhalten des Hyperlinks danach beeinflusst werden, ob er schon besucht wurde (visited), gerade ausgewählt (active) oder der Cursor gerade über den Link bewegt wird (hover). Folgender Stil zeigt

---

[8] werden auch als Internet Media Types bezeichnet, eine vollständige Liste findet sich unter http://www.iana.org/assignments/media-types/media-types.xhtml

einen grauen Rand, sobald sich der Cursor über dem Hyperlink befindet. Der Text wird weiß und der Hintergrund dunkelgrau dargestellt.

```
<style>
    a:hover {
       border: 1px solid gray;
       background-color: darkgray;
       color: white; }
</style>
```

### Listen

HTML kennt drei Arten von Listen: geordnete, ungeordnete und Beschreibungslisten. Bei den geordneten Listen werden die einzelnen Einträge sortiert dargestellt. Sie werden über das <ol>-Tag eingeleitet. Einzelne Listeneinträge deklariert man über das <li>-Tag. Das <ol>-Tag kennt drei wichtige Attribute, die in Tabelle 3.6 aufgeführt sind.

| Attribut | Wert | Beschreibung |
|---|---|---|
| type | Zeichen | Legt das Zeichen zur Nummerierung fest:<br>1, A, a, I, i |
| reversed | reversed | Nummerierung in umgekehrter Reihenfolge. |
| start | Zahl | Startwert der Nummerierung. |

**Tabelle 3.6** Attribute des <ol>-Elementes

Das <li>-Tag kennt das value-Attribut, mit dem die Reihenfolge der Nummerierung festgelegt werden kann.

Das folgende Beispiel zeigt eine geordnete Liste, die zur Nummerierung römische Zahlen verwendet und bei der Zahl 10 beginnt:

```
<ol type="I" start="10">
    <li>Deutschland</li>
    <li>Frankreich</li>
    <li>Spanien</li>
    <li>Italien</li>
</ol>
```

Für eine ungeordnete Liste wird das <ul>-Tag zusammen mit dem <li>-Tag für die Listeneinträge verwendet.

Eine Beschreibungsliste enthält im Gegensatz zu den anderen beiden Listen pro Eintrag immer zwei Zeilen, eine Zeile für den Begriff und eine weitere zur Beschreibung des Begriffs. Beschreibungslisten verwenden das <dl>-Tag und für den Begriff in der Liste das <dt>-Tag. Die Beschreibung wird über das <dd>-Tag eingeleitet. Das folgende Beispiel zeigt eine Liste mit Beschreibungen zu den Einträgen:

```
<dl>
    <dt>Deutschland</dt>
    <dd>Einwohner: 80 Mio.<br />Hauptstadt: Berlin</dd>
    <dt>Frankreich</dt>
    <dd>Einwohner: 66 Mio.<br />Hauptstadt: Paris</dd>
    <dt>Spanien</dt>
    <dd>Einwohner: 46 Mio.<br />Hauptstadt: Madrid</dd>
    <dt>Italien</dt>
    <dd>Einwohner: 61 Mio.<br />Hauptstadt: Rom</dd>
</dl>
```

Listen können auch weitere Listen als Einträge enthalten, sodass hierarchische Listen gebildet werden.

### Tabellen

Tabellen werden in HTML mit dem <table>-Element erstellt. Innerhalb des <table>-Elementes wird für jede Zeile ein <tr>-Element und für jede Spalte ein <td>-Element angelegt. Für die Überschriften der Spalten gibt es das gesonderte <th>-Tag. Das folgende Beispiel erzeugt eine einfache Tabelle mit drei Spalten:

```
<table>
    <tr>
        <th>Land</th>
        <th>Einwohner</th>
        <th>Hauptstadt</th>
    </tr>
    <tr>
        <td>Deutschland</td>
        <td>80 Mio.</td>
        <td>Berlin</td>
    </tr>
</table>
```

Die beiden Tags <td> und <th> erlauben über die Attribute colspan und rowspan festzulegen, über wie viele Spalten und/oder Zeilen sich eine Tabellenzelle erstreckt. Innerhalb des <table>-Elementes kann der Tabelle über das <caption>-Tag eine Überschrift zugewiesen werden. Ohne Formatierungen sieht die Tabelle in den Browsern aber noch nicht besonders ansehnlich aus (Abb. 3.8).

| Land | Einwohner | Hauptstadt |
|---|---|---|
| Deutschland | 80 Mio. | Berlin |
| Frankreich | 66 Mio. | Paris |
| Spanien | 46 Mio. | Madrid |
| Italien | 61 Mio. | Rom |

| Land | Einwohner | Hauptstadt |
|---|---|---|
| Deutschland | 80 Mio. | Berlin |
| Frankreich | 66 Mio. | Paris |
| Spanien | 46 Mio. | Madrid |
| Italien | 61 Mio. | Rom |

**Abbildung 3.8** Tabelle ohne und mit Formatierungen

Zur Formatierung sind wieder CSS-Stile gefragt. Tabellen sollten einen Rahmen erhalten und Überschriften invertiert dargestellt werden, damit sie von den anderen Zeilen abgesetzt sind.

Dazu ist folgender CSS-Stil im <head>-Element des Dokumentes zu ergänzen:

```
<style>
    th, td { padding: 5px; }
    table  { width: 100%; }
    th     { color: white; background-color: black; }
    table, th, td {
        border: 1px solid lightgray;
        border-collapse: collapse;
    }
</style>
```

Das Ergebnis ist ebenfalls in Abb. 3.8 zu sehen.

## Formulare

Alle bisherigen HTML-Elemente sind von Natur aus eher statisch und werden erst durch eine Skriptsprache wie JavaScript interaktiv. Das <form>-Element dagegen erlaubt dem Benutzer, über unterschiedliche Eingabefelder eigene Daten direkt an den Webserver zu senden. Zwischen dem öffnenden und schließenden <form>-Tag werden die Eingabeelemente definiert, deren Werte an den Webserver übertragen werden sollen.

Ein einfaches Formular, das aus einem Textfeld besteht und die Eingabe bei Betätigen der <Return>-Taste an den Webserver sendet, sieht folgendermaßen aus:

```
<body>
<form>
    Nachname: <input name="nachname" type="text"/>
</form>
</body>
```

Ein Textfeld wird über das <input>-Element erzeugt. Das <input>-Element besitzt ein Attribut type, über das der Typ des Eingabeelementes festgelegt wird (text, button, checkbox u.a.). Alle eingegebenen Elemente, für die das Attribut „name" gesetzt ist, werden bei Betätigen der <Return>-Taste an den Webserver übertragen.

Ruft man das HTML-Dokument mit diesem Formular im Browser auf, gibt einen Namen ein und betätigt die <Return>-Taste, werden die Eingabedaten als Query String[9] über die URL an den Webserver gesendet und das Dokument erneut angezeigt. Bei der erneuten Anzeige kann der Webserver den Parameter verwenden, um die HTML-Seite ggf. um diesen Parameter zu erweitern.[10] Um die eingegebenen Parameter, in diesem Fall den Nachnamen, durch eine andere Ressource wie z.B. ein HTML-Dokument zu verarbeiten, bietet das <form>-Element das action-Attribut an. Dieses verweist über eine URL oder einen relativen Pfad auf die Ressource, die die Anfrage verarbeiten soll. In Kapitel 2 wurde bereits erläutert, dass Parameter über die URL als Query String übergeben werden können. Das ist die gängige Methode bei Verwendung des GET-Verbs in HTTP. Die andere Möglichkeit besteht in der Verwendung der POST-Methode. Hierbei werden die Parameter in der Nachricht direkt und nicht über die URL übergeben. Über das method-Attribut des Formulars kann festgelegt werden, über welche Methode (Verb) der Webserver die übergebenen Daten verarbeiten soll. Als Standard wird die Methode GET verwendet. Soll eine andere Methode benutzt werden, ist das entsprechende Verb dort einzutragen.

Um also für das Beispiel den Nachnamen nicht in der URL zu übergeben, muss das method-Attribut auf „post" gesetzt werden. Außerdem soll die Verarbeitung des Nachnamens über die serverbasierte Skriptsprache PHP erfolgen. Dazu wird das Ergebnis an eine entsprechende PHP-Datei gesendet, die alle POST- und GET-Parameter als Webseite ausgibt.

```
<form action="http://www.mana-buch.de/138/sample3.php"
      method="post">
```

---

9 siehe hierzu in Kapitel 2 den Abschnitt zur URL

10 siehe hierzu in Kapitel 2 den Abschnitt zu serverseitigen Skriptsprachen

```
    Nachname: <input name="nachname" type="text"/>
    <input type="submit" value="Ausgeben" />
</form>
```

Zusätzlich hat das Formular, wie es bei Webformularen üblich ist, einen Submit-Button erhalten. Dadurch werden die Eingabedaten sowohl beim Betätigen der <Return>-Taste als auch des Buttons übertragen. Daneben kennt das <form>-Tag weitere Attribute, die in Tabelle 3.7 aufgeführt sind.

| Attribut | Wert | Beschreibung |
|---|---|---|
| autocomplete | on, off | Autovervollständigung des Formulars mit zuvor eingegebenen Werten. |
| novalidate | novalidate | Eingabewerte werden nicht überprüft, auch wenn entsprechende Attribute gesetzt sind (required, pattern u.a.). |
| target | _blank, _self | Bestimmt, ob die im action-Attribut angegebene Ressource im selben (_self) oder in einem neuen Browserfenster (_blank) angezeigt wird. |

**Tabelle 3.7** Attribute des <form>-Elementes

Wie bereits erwähnt, wird der Typ des Eingabeelementes über das type-Attribut des <input>-Elementes bestimmt. Neben dem allgemeinen Textfeld gibt es über 20 weitere Eingabefelder. Diese werden aktuell allerdings nicht von allen Browsern unterstützt. Dazu gehören: button, checkbox, color, date, datetime, datetime-local, email, file, hidden, image, month, number, password, radio, range, reset, search, submit, tel, text, time, url und week. Außerdem unterstützt das <input>-Element weitere Attribute, die u.a. zur Validierung von Eingaben wichtig sind. Tabelle 3.8 gibt einen Überblick über die wichtigsten.

| Attribut | Wert | Beschreibung |
|---|---|---|
| accept | MIME-Type | nur Typ file: Legt fest, welche Dateitypen hochgeladen werden sollen. |
| alt | Text | nur Typ image: Alternativ angezeigter Text |
| autocomplete | on, off | Aktivieren der Autovervollständigung. |
| autofocus | autofocus | Bestimmt das Eingabeelement, welches den Fokus nach dem Laden der Webseite erhält. |
| checked | checked | nur Typ checkbox, radio: Legt fest, welche Einträge bereits selektiert sein sollen. |
| disabled | disabled | Eingabeelement ist gesperrt. |
| height, width | Pixel | nur Typ image: Höhe/Breite des Bildes |
| list | datalist-Element | Verweist auf ein datalist-Element mit mehreren auswählbaren Eintragungen. |
| max, min | Zahl, Datum | kleinste(s), größte(s) eingebbare(s) Zahl/Datum |
| multiple | multiple | Ein Eingabeelement kann mehr als eine Eingabe enthalten. |
| pattern | Regulärer Ausdruck | Überprüfung der Eingabe über einen regulären Ausdruck. |
| placeholder | Text | Hinweis zum Eingabefeld |
| readonly | readonly | nur-lesbar |
| required | required | Pflichtfeld |
| src | URL | nur Typ image: Verweis auf Bilddatei |
| step | Zahl | Intervalle für Eingabefeld |
| value | Text | Wert des Eingabefeldes |

**Tabelle 3.8** Attribute des <input>-Elementes

Das in Tabelle 3.8 aufgeführte list-Attribut benötigt die Zuordnung eines <datalist>-Elementes. Dieses dient über das <option>-Element zur Erstellung vordefinierter Werte, die in einem Element, z.B. einem Textfeld, auswählbar sind.

Über das pattern-Attribut kann ein regulärer Ausdruck zur Überprüfung des Wertes einem Eingabefeld zugeordnet werden. So gibt es zwar z.B. ein Eingabefeld für Telefonnummern. Da es aber in jedem Land unterschiedliche Formate für die Telefonnummer gibt, wird diese nicht automatisch validiert. Entsprechend muss für derartige Eingabefelder trotzdem eine Validierung über das pattern-Attribut erfolgen.

Das folgende Beispiel erweitert den bisherigen HTML-Code um die zwei Eingabefelder Telefonnummer und Wohnort mit vordefinierten Werten:

```
<form action="http://www.mana-buch.de/138/sample3.php"
      method="post">
    Nachname: <input name="nachname" type="text" /><br />
    Telefon:  <input name="telefon"
                     pattern="^[+]?[0-9]+$" type="tel"
                     title="Nur Zahlen, optional + am Anfang"
                     placeholder="z.B. +494012345678"/><br />
    Wohnort:  <input name="wohnort" list="ortsliste"
                     required="required"
                     type="text"/><br />
    <input type="submit" value="Senden" />
</form>

<datalist id="ortsliste">
    <option>Flensburg</option>
    <option>Hamburg</option>
    <option>Schwerin</option>
    <option>Hannover</option>
</datalist>
```

In Abb. 3.9 ist das HTML-Dokument im Firefox-Browser mit angezeigter Fehlermeldung zu erkennen. Wird keine Fehlermeldung über das title-Attribut angegeben, erscheint eine Standardfehlermeldung.

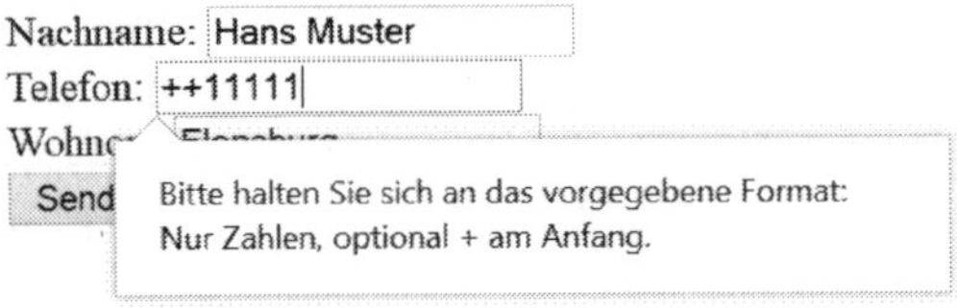


**Abbildung 3.9** Validierung im Firefox-Browser

In Abbildung 3.9 ist zu erkennen, dass in Formularen vor jedem Eingabefeld eine Beschriftung anzugeben ist. HTML kennt dafür das spezifische <label>-Element, das zwischen öffnendem und schließendem Text die Beschriftung beinhaltet. Um das <label>-Element einem Eingabeelement zuzuordnen, verwendet man das for-Attribut, welches das für das Eingabefeld vergebene id-Attribut erwartet. Das erste Eingabefeld unter Verwendung des <label>-Elementes sieht wie folgt aus:

```
<label for="nachname">Nachname: </label>
<input id="nachname" name="nachname" type="text" /><br />
```

Bei der Ausgabe des Dokuments im Browser ändert sich auf den ersten Blick nichts. Bewegt man jedoch den Cursor über die Beschriftung, erscheint kein Textcursor. Klickt man auf den Text, erhält das Eingabefeld den Fokus.

Neben den Eingabefeldern, die durch das <input>-Element deklariert werden, gibt es weitere Typen von Eingabefeldern mit eigenem Tag. Tabelle 3.9 führt die HTML-Elemente auf.

| Tag | Beschreibung |
|---|---|
| button | Erzeugen eines Buttons. Im Unterschied zum über <input> erzeugten Button, kann dieser Bilder und Text enthalten. |
| textarea | Eingabeelement für mehrzeiligen Text (über die Attribute cols/rows kann die Höhe/Breite des Textfeldes festgelegt werden, maxlength bestimmt maximale Anzahl eingebbarer Zeichen). |
| fieldset/ legend | Gruppiert zusammengehörige Elemente. Über das <legend>-Element kann eine Überschrift für die Gruppe vergeben werden. |
| select | Erstellt eine Drop-Down-Liste (bei einfacher Auswahl) oder eine aufgeklappte Liste (bei Mehrfachauswahl). Die Einträge in der Liste werden über die <option>- und <optgroup>-Tags definiert. |
| option | Beschreibt einen Eintrag in einer Auswahlliste. Über das value-Attribut wird der zu sendende Wert beschrieben. Das label-Attribut legt alternativ zum Inhalt des Elementes die Beschreibung fest. Über selected kann ein Eintrag ausgewählt werden, über disabled nicht auswählbar sein. |
| optgroup | Gruppiert <option>-Einträge einer Liste (Bezeichnung der Gruppe wird über das label-Attribut vergeben.). |

**Tabelle 3.9** Eingabeelemente mit eigenem HTML-Tag

Der folgende HTML-Code zeigt die Verwendung des <fieldset>- und <select>-Elementes:

```
<fieldset>
  <legend>Adresse</legend>
  <label for="nachname">Nachname: </label>
  <input name="nachname" id="nachname" type="text" /><br />
  <select name="hobby">
    <optgroup label="Sport">
       <option value="sport_1" label="Leichtathletik" selected />
       <option value="sport_2" disabled>Fussball</option>
    </optgroup>
```

```
    <optgroup label="Kultur">
      <option label="kultur_1">Theater</option>
      <option label="kultur_2">Bildhauerei</option>
    </optgroup>
  </select>
</fieldset>
```

## HTML5 APIs

Mit HTML5 führt der W3C mehrere Programmierschnittstellen ein, die hauptsächlich im Zusammenhang mit clientseitigen Skriptsprachen wie JavaScript genutzt werden können. Hierzu gehören eine 2D-Malfläche (Canvas), die bidirektionale Verbindung zwischen dem Browser und dem Webserver über WebSockets, das lokale Speichern von Daten im Browser (localStorage, sessionStorage) und die geografische Ermittlung der Position des Browsers (geolocation).

Da diese APIs hauptsächlich über JavaScript verwendet werden, wird hierauf vereinzelt in Kapitel 6 zu JavaScript eingegangen.

Daneben gibt es mit HTML5 die Möglichkeit, eine Webanwendung über den Application Cache offlinefähig zu machen, sodass diese weiterhin funktioniert, auch wenn keine Netzwerkverbindung vorhanden ist.

Um den Cache zu aktivieren, muss das manifest-Attribut des <html>-Elementes auf eine Datei mit den Cache-Informationen zeigen.

```
<!DOCTYPE html>

<html manifest="meineApp.appcache"
 lang="de" xmlns="http://www.w3.org/1999/xhtml">
...
```

Jedes HTML-Dokument, das einen Verweis auf die Manifest-Datei besitzt, und alle weiteren Dateien, die in der Manifest-Datei für die Zwischenspeicherung angegeben sind, werden zwischengespeichert. Die Manifest-Datei ist eine einfache Textdatei, die aus den drei Bereichen CACHE, NETWORK und FALLBACK besteht. Im Bereich CACHE werden alle Dateien aufgeführt, die nach dem erstmaligen Herunterladen zwischengespeichert werden. Unter NETWORK finden sich die Dateien, für die eine Netzwerkverbindung zwingend ist, die also nicht zwischengespeichert werden dürfen. Unter FALLBACK schließlich sind Dateien aufgelistet, die als Notfalllösung dienen, falls eine Datei nicht erreichbar ist. Eine mögliche Manifest-Datei sieht folgendermaßen aus:

```
CACHE MANIFEST
# erstellt am 18.03.2015

CACHE:
js/app.js
css/app.css
images/logo.jpg

NETWORK:
login.php

FALLBACK:
*.html /offline.html
```

Im Bereich FALLBACK werden immer zwei Werte in einer Zeile aufgeführt. Der erste Wert bestimmt die Datei oder Dateien, die ggf. nicht verfügbar sind (hier alle HTML-Dateien). Der zweite Wert legt fest, welche HTML-Dateien angezeigt werden sollen, wenn die anderen nicht geladen werden können.

## Zusammenfassung

Dieses Kapitel hat sich mit der HyperText Markup Language beschäftigt. Zuerst wurden allgemeine Begriffe wie Markup, Auszeichnung und Tag erläutert und der Unterschied zwischen XHTML und HTML erklärt. Es folgte die Beschreibung des Aufbaus eines HTML-Dokumentes und die semantischen HTML-Elemente wurden beschrieben. Folgende Themen wurden erklärt:

- Einbindung von Multimediadateien,
- Hyperlinks,
- Listen,
- Tabellen,
- Formulare.

Die HTML5 APIs wurden kurz umrissen, da diese im Kapitel 6 zu JavaScript noch behandelt werden. Schließlich erfolgte eine kurze Beschreibung zur Möglichkeit, Webanwendungen auch offline laufen zu lassen.

Das nächste Kapitel zeigt, wie HTML-Dokumente über CSS formatiert werden können.

# 4 Cascading Style Sheets (CSS)

**Worum geht es in diesem Kapitel?**

- Was sind Cascading Style Sheets?
- Wie kann CSS in HTML verwendet werden?
- Wie kann das Aussehen von HTML-Elementen über CSS festgelegt werden?
- Wie wählt man die zu formatierenden Elemente aus?
- Welche CSS-Eigenschaften gibt es?

## Allgemein

Cascading Style Sheets (CSS) dienen dazu, das Aussehen von HTML-Elementen zu bestimmen. Im 2. Kapitel wurde bereits erläutert, dass HTML eine Auszeichnungssprache zur Erstellung von Dokumenten und deren Dokumentenstruktur ist. Dabei sollten HTML-Tags maßgeblich semantische, aber keine spezifischen visuellen Auswirkungen auf das Element haben. Beschreibt man also in HTML vorrangig das Dokument, so wird in CSS festgelegt, wie es auszusehen hat.

Die aktuell in Bearbeitung befindliche Version von CSS ist CSS3. Gegenüber der vorherigen Version CSS 2.1, die 2011 veröffentlicht wurde, ist CSS3 in einzelne Module aufgeteilt. Von diesen wurden einige bereits veröffentlicht (z.B. CSS Color, CSS Selectors). Zukünftig wird es nur noch Versionsnummern für die einzelnen Module geben, aber nicht mehr für die gesamte Spezifikation von CSS, sodass man nur noch von CSS sprechen wird. CSS 2.1 ist heutzutage weitgehend in den Browsern implementiert, CSS3 teilweise.

Um CSS in HTML einzubinden, gibt es drei Möglichkeiten:

- als externe CSS-Datei
- inline im HTML-Element
- intern im <head>-Element

Da CSS vor allem auch der Wiederverwendung in unterschiedlichen Dokumenten dient, ist die Einbindung über eine externe Datei die wichtigste

Möglichkeit. Dazu wird, wie in Kapitel 2 bereits erläutert, das <link>-Tag innerhalb des <head>-Elementes verwendet. Über das <style>-Tag wird CSS direkt in HTML eingebunden. Folgendes Beispiel zeigt die drei Einbindungsmöglichkeiten in einer HTML-Datei.

```
<head>
    <meta charset="utf-8" />
    <title>HyperText Markup Language</title>
    <style>
        h1 { background-color: lightgray }
    </style>
    <link rel="stylesheet" href="content/base.css" />
</head>
<body>
    <h1 style="color: blue">Einbindung</h1>
</body>
```

Es gibt noch eine vierte Variante zum Einbinden als externe Datei. Hier wird innerhalb des <style>-Tags eine weitere CSS-Datei über die Regel @import eingebunden.[11]

Da CSS-Stile weitervererbt werden, erscheint die Überschrift im Beispiel in blauer Textfarbe, hellgrauem Hintergrund und den Eigenschaften, die noch in der „base.css"-Datei für das <h1>-Element hinterlegt sind, in diesem Fall Kursivschrift (Abb. 4.1).

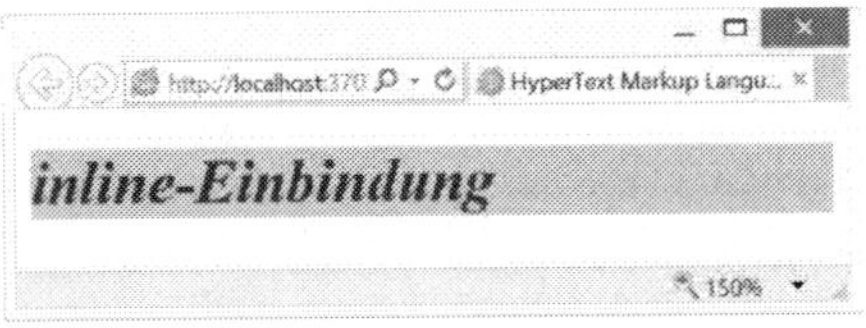


**Abbildung 4.1** Vererbung von CSS-Stilen

[11] siehe weiter unten Abschnitt zur At-Regel

Neben der Weitervererbung besitzen CSS-Stile die Eigenschaft, überschrieben werden zu können. Setzt man im style-Attribut des <h1>-Elementes die Hintergrundfarbe auf gelb, wird der Stil aus dem <head>-Element überschrieben.

Der folgende Code soll als Vorlage für weitere Beispiele im Kapitel dienen:

```
<!DOCTYPE html>

<html lang="de" xmlns="http://www.w3.org/1999/xhtml">
<head>
    <meta charset="utf-8" />
    <title>HyperText Markup Language</title>
    <link rel="stylesheet" href="content/base.css" />
</head>
<body>
    <h1 id="captionID" class="captionClass">
        Meine <em>Überschrift</em> ist <strong>groß</strong>
        und <strong>fett</strong>
    </h1>
    <table class="tableClass">
        <thead>
            <tr>
                <th>Nachname</th>
                <th>Vegetarier</th>
            </tr>
        </thead>
        <tr>
            <td><input name="nachname"/></td>
            <td><input name="vegetarier" type="checkbox"/></td>
        </tr>
    </table>
</body>
</html>
```

Um das Aussehen des Dokumentes anzupassen, werden vorwiegend Änderungen in der Datei „base.css" vorgenommen.

Genau wie HTML, kann die CSS-Syntax beim W3C über https://jigsaw.w3.org/css-validator überprüft werden.

### At-Regel

CSS kennt zwei Arten von Regeln: At-Rules und CSS-Rules. At-Rules sind spezielle Anweisungen an den Browser, die sich nicht direkt auf HTML-Elemente beziehen. Über @charset wird z.B. wie in HTML die Zeichenkodierung der CSS-Datei angegeben. Ist diese als UTF-8 kodiert, so lautet die @-Regel:

```
@charset "utf-8";
```

Wie man erkennen kann, wird jede Anweisung in CSS mit dem Semikolon abgeschlossen.

Über @import können CSS-Dateien direkt in andere CSS-Dateien importiert werden. Als Parameter übergibt man die URL der zu importierenden Datei oder den relativen Pfad bezogen auf die zu importierende CSS-Datei. Das folgende Beispiel importiert zwei CSS-Dateien:

```
@import "http://www.mana-buch/138/site.css";
@import "base.css";
```

Zur Erstellung responsiver[12] HTML-Dokumente bietet CSS die Anweisung @media an. Hiermit können CSS-Stile abhängig von dem Medium (z.B. Drucker, Beamer, Bildschirm) festgelegt werden. Folgendes Beispiel zeigt die Verwendung von @media, um CSS-Stile für einen Drucker und für einen Browser, dessen Browserfenster max. 320 Pixel breit ist und das im Hochformat angezeigt wird, zu vergeben:

---

[12] Bei Responsive Webdesign (RWD) geht es beim Erstellen einer Website darum, dass sich die HTML-Dokumente den Anforderungen der Geräte (Tablet, Smartphone, Notebook, E-Book, Touchscreen) anpassen.

```
@media print { … }

@media screen and (max-width: 320px)
             and (orientation: portrait) { … }
```

Für die Ausgabe von HTML-Dateien auf einem Drucker bietet die @page-Regel[13] zudem die Möglichkeit, Randbereiche für linke/rechte/erste Seite oder Seitenumbrüche zu definieren,

## CSS-Regel

CSS-Regeln legen das Aussehen von HTML-Elementen fest. Abb. 4.2 zeigt ein Beispiel und den Aufbau für eine CSS-Regel.

```
Selector { Property-1:Value-1; … ;Property-n:Value-n}

body { background-color:lightgray; font-style:italic }
```

Selector Eigenschaft Wert Eigenschaft Wert

**Abbildung 4.2** Syntax einer CSS-Regel

Der Selector legt fest, auf welche HTML-Elemente sich die nachfolgende in geschweiften Klammern beschriebene Formatierung bezieht. Formatierungen in geschweiften Klammern werden laut Standard als Deklarationen bezeichnet.[14] Mehrere Formatierungen werden durch Semikolon voneinander getrennt, wobei jede einzelne aus einer Eigenschaft (background-color) und einem zugewiesenen Wert (lightgray) besteht. Eigenschaft und Wert werden durch einen Doppelpunkt voneinander getrennt. Im Beispiel aus Abb. 4.2 erhält der gesamte Textkörper (<body>) die Hintergrundfarbe hellgrau und alle Texte werden kursiv (italic) dargestellt.

---

[13] zum aktuellen W3C-Standard, siehe http://www.w3.org/TR/css3-page

[14] zum aktuellen W3C-Standard, siehe http://www.w3.org/TR/css3-selectors

Kommentare innerhalb der CSS-Syntax werden wie in anderen Programmiersprachen mit „/*" eingeleitet und mit „*/" beendet.

## Selectors, Combinators, Pseudo-Classes

Wie bereits erwähnt, legen die Selektoren fest, auf welche HTML-Elemente sich eine Formatierung bezieht. CSS kennt mehrere Arten von Selektoren, die sich auf Elemente und deren Bedingungen beziehen (id, class, name).

Um einen Stil auf alle Elemente eines bestimmten Tags anzuwenden, gibt man lediglich den Tagnamen an (siehe Abb. 4.2).

Über den id-Selector kann ein Stil auf ein Element mit einer Id-Kennung angewendet werden. Hierfür steht zuerst das #-Zeichen gefolgt von der id. Im obigen HTML-Code hat die Überschrift als id die Kennung captionID. Folgende CSS-Regel setzt für alle Elemente (normalerweise nur ein Element), die diese id besitzen, die Schriftart auf kursiv:

```
#captionID {
    font-style:italic;
}
```

Über den class-Selector wird allen Elementen, die als class-Attribut den gleichen Wert haben, ein gemeinsames Format zugewiesen. Dazu muss vor dem Klassennamen ein Punkt erscheinen.

Im obigen HTML-Code hat die Überschrift als class-Attribut den Wert captionClass. Folgende CSS-Regel setzt für alle Elemente mit dem gleichen Klassennamen, die Schriftart auf Arial:

```
.captionClass {
    font-family:Arial;
}
```

Sollen mehrere Tags die gleiche Formatierung erhalten, verwendet man den Gruppen-Selektor. Dabei werden alle Selektoren, auf die die Formatierung anzuwenden ist, durch Kommas voneinander getrennt.

Das folgende Beispiel setzt die Hintergrundfarbe für alle Elemente mit den Tags <th> und <h1> auf hellgrau:

```
th, h1 {
    background-color:lightgray;
}
```

Sollen Formatierungen nur zugewiesen werden, wenn ein bestimmtes Attribut eines HTML-Elementes gesetzt ist, verwendet man Attribut-Selektoren. Dazu wird die Bezeichnung des Attributs in eckige Klammern gesetzt. Um alle Element mit einer Formatierung zu versehen, bei denen das name-Attribut gesetzt ist, ist folgende CSS-Regel notwendig:

```
[name] {
    transform:rotate(10deg)
}
```

Im Beispiel werden alle Elemente mit name-Attribut um 10 Grad gedreht. Sollen dagegen Formatierungen auf Elemente gesetzt werden, bei denen das Attribut einen ganz bestimmten Wert hat, gibt man neben dem Attributnamen den Wert an, auf den einzuschränken ist. Das folgende Beispiel vergibt für alle Elemente, bei denen das name-Attribut auf „nachname" gesetzt ist, einen abgerundeten Rahmen.

Abb. 4.3 zeigt die Anwendung der bisherigen CSS-Regeln auf den obigen HTML-Code.

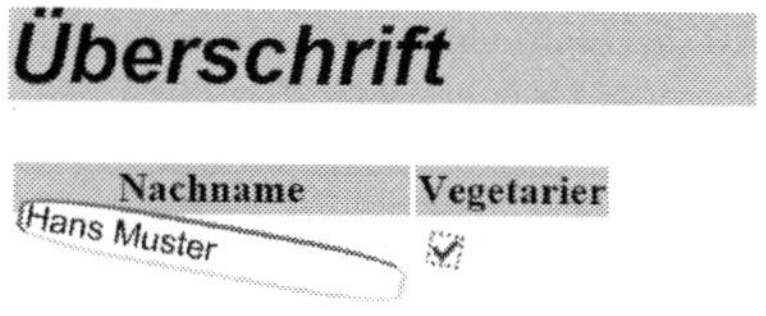


**Abbildung 4.3** Anwendung von CSS-Regeln über Selektoren

Um Elemente abhängig von ihrer Nachbarschaft zu anderen auszuwählen, gibt es neben den bisher beschriebenen einfachen Selektoren die folgenden vier Combinators:

- Descendant combinator
- Child combinator
- Adjacent sibling combinator
- General sibling combinator

Ein Descendant combinator schränkt auf das Nachfolgeelement eines Elementes ein. Um z.B. in der Überschrift eine CSS-Regel zu erzeugen, die sich nur auf <em>-Elemente bezieht, die einem <h1>-Element folgen, schreibt man:

```
h1 em {
    font-family: monospace
}
```

Dabei spielt es keine Rolle, ob sich das <em>-Tag ggf. noch einmal zwischen einem <span>-Tag befindet. Es werden alle Nachfolger verwendet, egal ob es sich um Kind-, Enkel-, Urenkel-Elemente usw. handelt.

Möchte man dagegen auf den direkten Nachfolger, also das Kind-Element verweisen, wird der Child-Combinator wie folgt verwendet:

```
h1 > em {
    font-family: monospace
}
```

Über einen Adjacent sibling combinator können Elemente angesprochen werden, die direkt einem anderen Element folgen. Möchte man z.B. die Textfarbe eines <strong>-Elementes nur dann auf grau setzen, wenn als Vorgänger ein <em>-Element auf gleicher Ebene existiert, lautet die Regel:

```
em + strong {
    color:gray
}
```

Der General sibling combinator ähnelt dem vorherigen combinator, es werden hier aber nicht nur das nächste, sondern alle Elemente dieses Typs angesprochen.

```
em ~ strong {
    color:gray
}
```

Im Beispiel werden also alle <strong>-Elemente, die auf gleicher Ebene einem <em>-Element folgen, grau eingefärbt.

Neben den einfachen Selektoren und Combinators gibt es die Pseudoklassen. Hierbei handelt es sich um Elemente, die keinen eigenen Markup oder kein eigenes Attribut besitzen, sondern einen bestimmten Zustand eines Elementes festlegen. Ein typisches Beispiel hierfür ist ein Hyperlink, der vom Anwender bereits „besucht" wurde. Dabei wird die Pseudoklasse vom eigentlichen Element durch einen Doppelpunkt getrennt. Das folgende Beispiel skaliert alle <strong>-Elemente, sobald sich der Cursor über dem Element befindet:

```
strong:hover {
    transform:scale(1.5,2.0)
}
```

Tabelle 4.1 fasst noch einmal alle wichtigen Selectors, Combinators und Pseudoklassen zusammen.

Der letzte in Tabelle 4.1 aufgeführte Universal Selektor dient dazu, alle Elemente auszuwählen. Ein Beispiel hierzu folgt im nächsten Abschnitt zum CSS Box Model.

| Bezeichnung | Beispiel |
|---|---|
| Type selector | `div` |
| Id Selector | `#meineId` |
| Class selector | `.meineKlasse`<br>`p.meineKlasse` |
| Attribute selector | `[type=checkbox]` |
| Group selector | `h1, h2, h3, h4` |
| Descendant combinator | `h1 em` |
| Child combinator | `h1 > em` |
| Adjacent sibling combinator | `h1 + em` |
| General sibling combinator | `h1 ~ em` |
| Pseudoklasse | `a:visited` |
| Universal selector | `*` |

**Tabelle 4.1** Selectors, Combinators, Pseudo-Klassen

### CSS Box Model

In HTML nehmen alle Elemente einzelne Kästen (Boxes) visuell in Anspruch. Um das zu verdeutlichen, wird für alle Elemente im obigen HTML-Code ein Rahmen von einem Pixel als CSS-Regel wie folgt festgelegt:

```
* {
    border:1px solid;
}
```

Abbildung 4.4 zeigt, wie das HTML-Dokument anschließend im Browser zu sehen ist.

**Abbildung 4.4** Beispiel für Inline- und Blockelemente

Zu erkennen ist, dass für jedes Element, auch für das <html>-Element, ein rechteckiger Bereich vorgesehen ist. Dabei nehmen das <html>- und auch das darin eingebettete <body>-Element nur so viel Platz in Anspruch, wie zur Anzeige benötigt wird.

Man unterscheidet Inline- und Blockelemente. Blockelemente starten nach einem Zeilenumbruch und fügen nach dem Inhalt einen Zeilenumbruch ein. Sie nehmen die gesamte mögliche Breite, aber nur die Höhe ein, die benötigt wird. Wie in Abb. 4.4 zu erkennen, ist das <h1>-Element ein Blockelement, da es vor und hinter dem Text einen Zeilenumbruch enthält und in der Breite den gesamten Platz einnimmt.

Inlineelemente dagegen haben keine Zeilenumbrüche und nehmen auch in der Breite nur den benötigten Platz ein. In Abb. 4.4 erkennt man, dass <em> und <strong> typische Inlineelemente sind.

Über CSS kann dieses Verhalten über die display-Eigenschaft geändert werden, sodass aus einem Inline- ein Blockelement und umgekehrt wird.

```
em { display:block}
```

In der Abb. 4.4 sieht man zudem, dass zwischen dem <html>- und dem <body>-Element ein Randbereich existiert. Das CSS Box Model enthält für die HTML-Elemente einen Randbereich (margin), einen Rahmen (border) und einen Innenabstand (Padding). Abb. 4.5 verdeutlicht das Box Modell und zeigt die Ausmaße, die ein HTML-Element einnimmt.

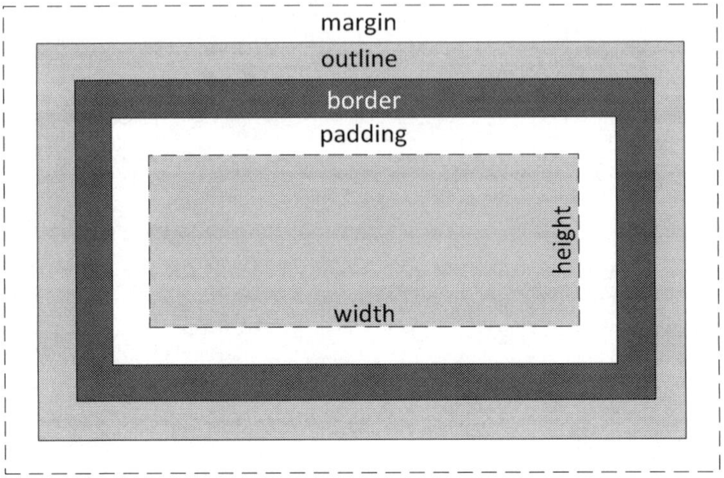


**Abbildung 4.5** CSS Box Model

Den Eigenschaften margin, padding und border können jeweils vier Werte für links, rechts, oben und unten zugewiesen werden.

Das folgende Beispiel setzt den Außenabstand (margin) auf 0, den Innenbereich links und rechts auf 20 sowie oben und unten auf 10 Pixel. Der Rahmen ist 1 Pixel breit, besteht aus einer durchgezogenen Linie (solid) und ist grau.

```
table.tableClass {
    padding: 20px 10px 20px 10px;
    margin: 0px;
    border: solid 2px gray;
}
```

Besteht eine Eigenschaft aus mehreren Werten (left, top, right, bottom), können diese auch durch Leerzeichen getrennt hintereinander aufgeführt werden. Alternativ gibt es auch einzelne Eigenschaften, z.B. padding-left, padding-right.

Neben left, right, top und bottom können weitere Eigenschaften gesetzt werden, um den Rahmen zu gestalten. Die wichtigsten sind in Tabelle 4.2 aufgeführt.

| Eigenschaft | Beschreibung |
|---|---|
| border-color | Legt die Farbe des Rahmens fest. |
| border-radius | Bestimmt den Radius einer Ellipse, um abgerundete Ecken darzustellen (z.B. border-radius: 2px 10px). |
| border-width | Legt die Breite des Rahmens auf allen vier Seiten fest (z.B. border-width: 1px 2px 3px 4px). |
| border-style | Legt die Art des Rahmens fest, z.B. durchgezogen, gestrichelt (z.B. border-style:dotted). |
| border | Kurzschreibweise für die border-Eigenschaft (z.B. border: dotted 2px blue) |

**Tabelle 4.2** border-Eigenschaften

Daneben kann unmittelbar um den Rahmen des Elementes eine Linie gezogen und über die outline-Eigenschaften das Aussehen dieser Linie bestimmt werden. Das folgende Beispiel zeichnet einen Rahmen um eine Tabelle und um diesen Rahmen eine gepunktete Linie:

```
table {
    border: 1px solid;
    outline: 1px dotted blue;
}
```

Breite und Höhe eines Elementes setzt man über die Eigenschaften width und height. Die Größe kann in Pixel (px), Millimeter (mm), Zentimeter (cm), prozentual (%) oder in Schriftartengrößen (pt) angegeben werden. Außerdem kann die maximale und minimale Höhe und Breite auch über min-width/min-height und max-width/ max-height bestimmt werden. Folgendes Beispiel zeigt die Verwendung der Eigenschaften:

```
table {
    width:100%;
    min-width:240px;
```

```
    max-width:1920px
}
```

## Text

Texteigenschaften wie z.B. color zum Festlegen der Textfarbe wurden bereits in den letzten Beispielen verwendet.

Um die Ausrichtung eines Textes zu setzen, verwendet man Eigenschaften wie text-align mit den Werten left (linksbündig), right (rechtsbündig) und justify (Blocksatz). Das folgende Beispiel zentriert die Überschrift:

```
h1 {
    text-align:center;
}
```

Weitere wichtige Texteigenschaften können der Tabelle 4.3 entnommen werden.

## Schriften

Über die Schriften-Eigenschaften können die Schriftart, der Schriftgrad und die Stile festgelegt und über die Eigenschaft font-family die Schrift selber bestimmt werden. Es wird zwischen allgemeinen, die ein ähnliches Aussehen haben (z.B. monospace, serif, sans-serif), und ganz speziellen Schriften (z.B. Arial, Segoe UI) unterschieden. Die font-family-Eigenschaft sollte nicht nur eine, sondern mehrere durch Kommas getrennte Schriftarten auflisten, falls eine gewünschte Schriftart auf dem Clientrechner mal nicht vorhanden ist. Mit CSS3 ist es auch möglich, Schriftarten zu verwenden, die nicht auf dem Browsercomputer installiert sind. Dabei werden je nach Browser verschiedene Formate unterstützt (TrueType, Web Open Font Format, SVG Fonts, Embedded Open Type).

| Eigenschaft | Beschreibung |
|---|---|
| text-decoration | Legt zusätzliche Textverzierungen fest (overline, underline, line-through). |
| text-indent | Legt einen Einzug fest (z.B. text-indent:10px). |
| text-shadow | Schatten setzen (z.B. text-shadow: 3px 3px 2px lightgray). |
| text-transform | Legt Groß-/Kleinschreibung fest (z.B. text-transform:capitalize). |

**Tabelle 4.3** text-Eigenschaften

Um eine Schriftart zu importieren, verwendet man die At-Regel @font-face. Das folgende Beispiel installiert eine Schriftart, die auf dem eigenen Webserver abgelegt wurde.[15] Anschließend wird diese Schriftart auf alle Überschriften der Ebene 1 angewendet.

```
@font-face {
    font-family:Bonveno cf;
    src:url("BonvenoCF-Light.otf");
}

h1 {
    font-family:'Bonveno cf';
}
```

Weitere font-Eigenschaften sind in Tabelle 4.4 aufgeführt.

[15] Schriftarten finden Sie u.a. unter http://openfontlibrary.org und http://www.google.com/fonts. Beachten Sie die Lizenzvereinbarungen.

| Eigenschaft | Beschreibung |
|---|---|
| font-size | Größe der Schriftart (z.B. font-size:40px) |
| font-style | Schriftart auf kursiv setzen (z.B. font-style:italic). |
| font-weight | Gewicht der Schriftart setzen (z.B. font-weight:bolder). |
| font | Kurzschreibweise zum Festlegen der font-Eigenschaften (z.B. font:bolder italic 10px 'segoe ui') |

**Tabelle 4.4** font-Eigenschaften

### Hintergründe

Über die background-Eigenschaften kann für jedes Element ein Hintergrund festgelegt werden. Neben Farben (background-color) können auch Bilder als Hintergrund genutzt werden. Um die Hintergrundfarbe zu setzen, wurden bisher Farbnamen wie z.B. lightgray verwendet. Farben können aber auch über ihren Rot-Grün-Blau-Anteil gesetzt werden. Dazu verwendet man das Schlüsselwort rgb() und übergibt in Klammern als Parameter die drei Farbanteile. Alternativ kann ein Hexadezimalwert über das einführende #-Zeichen eingegeben werden, wobei jeweils zwei Zeichen den entsprechenden Farbanteil darstellen. Zusätzlich zu rgb kann rgba verwendet werden, um als vierten Parameter die Deckkraft eines Farbtons festzulegen (Wert zwischen 0 und 1). Daneben existieren alternativ die Schlüsselwörter hsl() und hsla(), bei denen der Farbton (Hue), die Sättigung (Saturation), die Helligkeit (Luminance) und ggf. die Deckkraft (Alpha) angegeben werden. Das folgende Beispiel stellt die fünf Möglichkeiten dar:

```
body {
    background-color:rgba(255,0,0,0.5);
    color:#0000ff;
    border-color:rgb(255,0,255);
    background-color: hsl(127, 100%, 50%);
    color: hsla(0, 100%, 50%, 0.8);
}
```

Tabelle 4.5 fasst die wichtigsten background-Eigenschaften zusammen.

| Eigenschaft | Beschreibung |
|---|---|
| background-attachment | Legt fest, ob sich der Hintergrund beim Scrollen mitbewegt (scroll) oder fixiert (fixed) ist (z.B. background-attachment:fixed). |
| background-image | Legt ein Bild als Hintergrund fest (z.B. background-image:url(html5-logo.png). |
| background-size | Legt die Größe eines Hintergrundbildes fest (z.B. background-size: 10px 10px). |
| background-repeat | Legt fest, ob ein Hintergrundbild wiederholt wird (background-repeat:no-repeat). |
| background | Kurzschreibweise zum Festlegen des Hintergrunds (z.B. background: #00ff00 url(ball.svg) fixed no-repeat center) |

**Tabelle 4.5** background-Eigenschaften

## Hyperlinks

Neben den allgemeinen Text-Eigenschaften, die weiter oben beschrieben wurden, sind für Hyperlinks vor allem vier Pseudoklassen interessant, um den Zustand des Hyperlinks darzustellen. Hierzu gehören:

- a:link (wurde noch nicht besucht)
- a:visited (wurde bereits besucht)
- a:active (wird gerade ausgewählt)
- a:hover (Cursor befindet sich über dem Hyperlink)

Das folgende Beispiel verwendet die Pseudoklassen, um zwischen den Zuständen zu unterscheiden. Um die Pseudoklasse „active" zu testen, klicken Sie mit der Maustaste auf den Hyperlink und halten diese gedrückt.

```
a:hover {
    font-weight:bolder
```

```
}
a:visited {
    color:lightgray
}
a:active {
    transform:scale(2.0)
}
```

## Display und Visibility

Über die Eigenschaft Visibility kann ein Element unsichtbar (visibility:hidden) gemacht bzw. wieder angezeigt (visibility:visible) werden. Wird das Element versteckt, ist der Platz für das Element bei der Darstellung weiterhin reserviert. Das Ganze wirkt, als wenn das Element vollständig transparent ist.

Über die Eigenschaft Display kann das Element auch unsichtbar gemacht werden (display:none). Hierbei wird aber kein weiterer Platz für das Element in Anspruch genommen. Daneben kann über die Display-Eigenschaft ein Block- zu einem Inline-Element oder umgekehrt werden (display:block bzw. display:inline).

Das folgende Beispiel zeigt drei rote Boxen an. Über einen Button kann die erste Box auf display:none und die zweite auf visibility:hidden gesetzt werden. In der dritten Box können alle Boxen wieder sichtbar gemacht werden.

**Abbildung 4.6** Eigenschaften display und visibility

Dazu besteht der HTML-Code aus einem <div>-Element, das für die Boxen jeweils drei weitere <div>-Elemente enthält. Das äußere erhält über das style-Attribut einen Rahmen, die drei inneren bekommen ihren Stil über die base.css.

Damit nur die inneren drei <div>-Elemente als rote Box dargestellt werden, wird diesen über den Child Combinator ein Stil wie folgt zugewiesen:

```
div > div {
    display:inline-block;
    width: 200px;
    height: 200px;
    background-color:red;
    margin:10px;
}
```

Über die Child Combinator wird der Stil auf alle Kindelemente eines <div>-Elementes angewendet, die auch <div>-Elemente sind.

Beim Klicken auf die Buttons wird einfacher JavaScript-Code aufgerufen, der zunächst über die id des <div>-Elementes auf das Element zugreift und dann entsprechend den Stil setzt.

```
<div style="border:1px solid gray;">
    <div id="a">display:none
        <button onclick="hideNone();">Go!</button>
    </div>
    <div id="b">visibility:hidden
        <button onclick="hide();">Go!</button>
    </div>
    <div> Show all
        <button onclick="show();">Go!</button>
    </div>
</div>
```

Im Folgenden ist der JavaScript-Code zu sehen, der im <head>-Element eingebunden wird. Auf diesen wird in Kapitel 6 noch näher eingegangen.

Wichtig ist, dass die JavaScript-Funktionen vor deren Aufruf deklariert sein müssen.

```
<script>
  function hideNone() {
    document.getElementById('a').style.display = 'none';
  }
  function hide() {
    document.getElementById('b').style.visibility = 'hidden';
  }
  function show() {
    document.getElementById('b').style.visibility = 'visible';
    document.getElementById('a').style.display = 'inline-block';
  }
</script>
```

## 2D-Transformationen

Zweidimensionale Transformationen wurden mit CSS3 eingeführt und bieten die Möglichkeit, Elemente zu skalieren (scale), an eine andere Position zu bewegen (translate), zu rotieren (rotate) und in eine Schräge umzuwandeln (skew). Alle diese Operationen sind auch über die einzelne matrix-Methode möglich. Exemplarisch zeigt das folgende Beispiel zwei Notizen, die als <div>-Elemente deklariert sind. Beiden werden die Klasse „note" und zusätzlich die Klasse „noteYellow" oder „noteBlue" zugewiesen (Abb. 4.7).

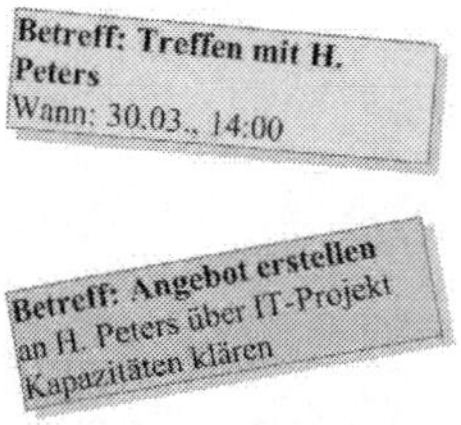


**Abbildung 4.7** Eigenschaft transform mit rotate

Der HTML-Code für die <div>-Elemente sieht folgendermaßen aus:

```
  <div class="note noteYellow">
...
 </div>
 <div class ="note noteBlue">
...
 </div>
```

Entsprechend müssen in der base.css die drei verwendeten Klassen wie folgt angelegt sein:

```
.note {
    border: 1px solid gray;
    box-shadow: 5px 5px lightgray;
    margin: 50px;
    width: 200px;
}

.noteYellow {
    background-color:yellow;
    transform:rotate(5deg);
}

.noteBlue {
    background-color:lightblue;
    transform:rotate(-10deg);
}
```

### Position, Floating, Overflow

Über die position-Eigenschaft kann ein Element entweder relativ zu seiner Anfangsposition (relative) oder bezogen auf das Vorfahren-Element positioniert werden. Die Eigenschaft ist abhängig von den gesetzten Werten für left, top, right und bottom. Über die Eigenschaft z-Index kann bei überlappenden Elementen zusätzlich bestimmt werden, welches Element oberhalb eines anderen liegt.

Das folgende Beispiel positioniert den Text des ersten Paragraphen fix, sodass er auch beim Scrollen nicht mitbewegt wird. Der zweite Paragraph wird bezogen auf das <h1>-Element um 50 Pixel nach unten und 20 Pixel nach links bewegt. Der dritte Paragraph hat sich absolut zum Vorgänger um 50 Pixel von links und 150 Pixel von oben bewegt.

```
<h1>Überschrift</h1>
<p style="position:fixed;top:50px">
    Fixes Element (fest von oben um 50 Pixel)
</p>
<p style="position:relative;top:50px;left:-20px">
    Relativ zu seiner Ausgangsposition (hinter &lt;h&gt;)
    um 50 Pixel nach unten und 20 Pixel nach links
</p>
<p style="position:absolute;top:150px;left:50px">
    Absolut positioniert auf 150/50 Pixel von
    oben/links.
</p>
```

Über die float-Eigenschaft kann festgelegt werden, dass Elemente um andere herumfließen. Am häufigsten wird diese Eigenschaft verwendet, um Text um ein Bild herumfließen zu lassen (siehe Abb. 3.6). Der Eigenschaft wird der Wert „left“ oder „right“ zugewiesen, sodass der Text links oder rechts um das Element herumläuft.

```
img {
    float:left;
}
```

Über die overflow-Eigenschaft kann festgelegt werden, ob der Inhalt eines Elementes abgeschnitten wird. Über den Wert „hidden“ wird bestimmt, dass der Teil des Elementes, der herausragt, nicht angezeigt wird und dass auch kein Bildlaufmechanismus (z.B. Scrollbars) möglich ist. Über „scroll" wird ein Bildlaufmechanismus bereitgestellt. Das folgende Beispiel zeigt ein <article>-Element mit einer festen Größe von 600 Pixeln vertikal und 800 Pixeln horizontal. Ist das Element größer als dieser Bereich, wird in x-Richtung der Wert „hidden" und in y-Richtung der Wert „scroll" angewendet.

```
article {
    width:100px;
    height:100px;
    overflow-y:hidden;
    overflow-x:scroll
}
```

**Listen**

Um Listen zu gestalten, gibt es drei wesentliche Eigenschaften. Über list-style-type kann das Listensymbol festgelegt und über list-style-image ein Bild vergeben werden. Über list-style-position wird festgelegt, ob das Listensymbol zum Inhalt gehört (inside).

Das folgende HTML-Beispiel verwendet Listen, um eine vertikale Navigationsleiste anzuzeigen. Der HTML-Code beschreibt dabei nur die Struktur.

```
<nav>
    <ul>
        <li><a href="home.html">Startseite</a></li>
        <li><a href="products.html">Produkte</a></li>
        <li><a href="about.html">Über...</a></li>
    </ul>
</nav>
```

In der CSS-Datei wird für Listen, die in ein <nav>-Element eingebettet sind, das Listensymbol entfernt.

```
nav ul {
    list-style-type:none;
}
```

Befindet sich der Cursor über dem Hyperlink (hover) oder wird dieser gerade ausgewählt (active), stellt man den Text invertiert dar.

```
nav a {
    color:black;
    background-color:lightgray;
    display:block;
    width:200px;
    text-align: center;
    padding: 5px;
    text-decoration:none;
    box-shadow:2px 2px gray;
}

nav a:hover, a:active {
    color:white;
    background-color: darkgray;
}
```

Da es sich bei einem Hyperlink um ein Inline-Element handelt, muss es in ein Blockelement umgewandelt werden, damit man eine Breite setzen kann, sodass die Elemente gleich angeordnet sind. Da für Hyperlinks standardmäßig bestimmte Eigenschaften bereits festgelegt sind (unterstrichen usw.), sollten diese über text-decoration:none zurückgesetzt werden.

In Abb. 4.8 ist die Navigationsleiste für den obigen HTML-Code zu sehen.

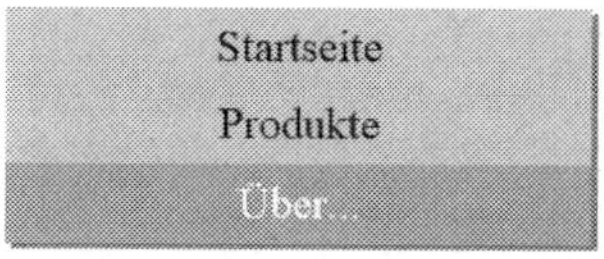


**Abbildung 4.8** Navigationsleiste mit Listen und dem <nav>-Element

## Pseudoklassen

Zum Schluss sollen neben den Pseudoklassen für Hyperlinks weitere erwähnt werden, die vor allem in Zusammenhang mit Formularen von Bedeutung sind.

Über input:valid/invalid kann ein gesonderter Stil festgelegt werden, wenn ein Eingabeelement inkorrekte Daten enthält (z.B. nicht dem Attribut pattern entsprechen). Über input:required/optional wird ein Stil für Pflicht- oder optionale Eingabeelemente bestimmt. Daneben gibt es für input-Elemente die Pseudoklassen focus (aktive Eingabe), disabled/enabled (gesperrt, aktiviert) und checked (selektiert bei Checkboxen und Radiobuttons).

Das folgende Beispiel zeigt für Texteingabefelder, die als Pflichtfelder festgelegt wurden, ein Hintergrundbild an:

```
input:required[type="text"] {
    background-image:url("stop.svg");
    background-repeat:no-repeat;
}
```

## Zusammenfassung

In diesem Kapitel wurden Cascading Style Sheets (CSS) beschrieben. CSS dient maßgeblich zur Formatierung von HTML-Dokumenten. Die aktuelle Version ist CSS3, die weitgehend in Browsern umgesetzt wird, obwohl noch nicht alle Module davon als Standard verabschiedet wurden.

CSS kann in HTML entweder als externe Datei, inline im Element selbst oder im <head>-Element über das <style>-Tag eingebunden werden.

Nach dem Einbinden wurden der Aufbau und die wichtigsten Inhalte (Text, Schriften, Hyperlinks, Transformation, Position, Listen) von At- und CSS-Regeln erläutert.

Im nächsten Kapitel wird die CSS-Bibliothek Bootstrap vorgestellt, die von Twitter stammt und zur Gestaltung von HTML-Dokumenten in der Praxis weit verbreitet ist.

# 5 Bootstrap

## Worum geht es in diesem Kapitel?

- Was ist Bootstrap und wozu kann man es einsetzen?
- Wie kann man mit Bootstrap das Layout eines HTML-Dokumentes festlegen?
- Welche CSS-Regeln gibt es in Bootstrap für Tabellen, Bilder und Buttons?
- Welche weiteren Bedienelemente gibt es, die nicht in HTML enthalten sind?

## Allgemein

Bootstrap ist ein CSS Framework, das hauptsächlich das class-Attribut zur Zuweisung von Stilen verwendet. Als Open Source Projekt (MIT Lizenz) kann es kostenlos heruntergeladen und genutzt werden. Interaktionen werden großenteils zwar durch JavaScript umgesetzt, den Elementen aber weitgehend durch Stile deklarativ zugewiesen. Durch Verwendung von Bootstrap kann man auch, ohne weitgehende Designerkenntnisse und ohne CSS im Detail zu kennen, ein anspruchsvolles Layout erzeugen. Bootstrap bietet also die Möglichkeit einer einheitlichen Gestaltung, ohne sich detailliert in CSS einzuarbeiten.

Bootstrap stammt von Twitter und wurde ursprünglich für interne Zwecke entwickelt. Seit Version 2 ist es ein mobile-first Framework, d.h. es unterstützt „Responsive Web Design" (RWD) vorrangig für Mobilgeräte. Die Website passt sich also automatisch der jeweiligen Bildschirmauflösung und den Browsergeräten an. Bootstrap CSS Dateien werden in LESS[16] erstellt. Dabei handelt es sich um eine Erweiterungssyntax von CSS, die durch einen Preprozessor wieder in CSS konvertiert wird. Zu den Erweiterungen zählen u.a. globale Variablen (z.B. für Farben) und „mixins". Mit „mixins" kann ein

---

[16] siehe http://lesscss.org

CSS Stil aus anderen CSS Stilen zusammengesetzt werden. Für die Nutzung von Bootstrap sind Kenntnisse von LESS nicht notwendig, da LESS-Style Sheets in CSS konvertiert werden.

Neben der Formatierung von Elementen bietet Bootstrap Komponenten wie Dropdownlisten, Dialogfenster u.a. sowie Erweiterungen bestehender Oberflächenelemente wie z.B. Autovervollständigung an. Diese sind weitgehend in JavaScript unter Verwendung des JavaScript-Frameworks jQuery programmiert. Auf JavaScript wird im nächsten Kapitel eingegangen.

### Installation und Verwendung

Die aktuelle Version 3 von Bootstrap basiert auf HTML5 und CSS3 und kann unter http://getbootstrap.com heruntergeladen werden. Bootstrap kann zwar vollständig mit den LESS-Dateien und Beispielen installiert werden, es reicht aber, nur die Dateien herunterzuladen, die zur ausschließlichen Verwendung von Bootstrap notwendig sind. In diesem Buch werden die Quellcodedateien in LESS usw. nicht benötigt.[17] Nach dem Download und dem Entpacken, findet man drei Ordner vor:

- css
- fonts
- js

Der Ordner „css" enthält die CSS-Dateien von Bootstrap in den Varianten minimiert als „bootstrap.min.css" und lesbar als „bootstrap.css" zum Entwickeln. Bei der minimierten Variante wurden unnötige Leerzeichen und Zeilenumbrüche entfernt, um die Datei zu verkleinern. Daneben existieren zwei Dateien „bootstrap-theme.css" bzw. „bootstrap-theme.min.css", die Bootstrap um visuelle Effekte erweitern (z.B. Farbverlauf bei Buttons, 3D-Visualisierung) und die daher nicht notwendigerweise in die HTML-Datei eingebunden werden müssen.

---

[17] in Visual Studio kann auch das NuGet-Package für Bootstrap über den NuGet-Manager oder die Konsole installiert werden:

```
install-package bootstrap
```

Der Ordner „fonts" enthält eine Schriftart in verschiedenen Dateiformaten, die Symbole (Glyphen) beinhaltet, die von Bootstrap genutzt werden.

Der Ordner „js" enthält die JavaScript-Dateien von Bootstrap in einer minimierten und normalen Version. Damit diese funktionieren, müssen zusätzlich die JavaScript-Dateien von jQuery in die HTML-Datei eingebunden werden. Sofern auch der Internet Explorer mit der Version kleiner 9 unterstützt werden soll, muss jQuery 1 verwendet werden. Ansonsten kann auch die aktuelle Version jQuery 2 eingebunden werden.

Um Bootstrap in einem HTML-Dokument zu verwenden, sieht das Grundgerüst der HTML-Datei wie folgt aus:[18]

```
<!DOCTYPE html>

<html>
<head>
    <meta charset="utf-8" />
    <title>HyperText Markup Language</title>
    <link href="css/bootstrap.min.css" rel="stylesheet" />
    <script src=
       "http://code.jquery.com/jquery-1.11.2.min.js">
    </script>
    <script src="js/bootstrap.min.js"></script>

</head>
<body>
...
</body>
</html>
```

[18] Um den Internet Explorer 8.0 und kleiner zu unterstützen, müssen zusätzlich JavaScript-Dateien wie folgt hinzugebunden werden:

```
<!--[if lt IE 9]>
   <script src="https://oss.maxcdn.com/html5shiv/3.7.2/html5shiv.min.js"></script>
   <script src="https://oss.maxcdn.com/respond/1.4.2/respond.min.js"></script>
<![endif]-->
```

Da Bootstrap 3 spezifische Eigenschaften von HTML5 und CSS3 verwendet, ist es neben der Einbindung der Dateien wichtig, die HTML-Datei als HTML5 zu markieren (<!DOCTYPE html>).

Eine ausführliche Referenz mit Beispielen zu den Bootstrap-Stilen finden Sie unter http://getbootstrap.com/css. Um Bootstrap anzupassen, gibt es auf http://getbootstrap.com/customize die Möglichkeit, nur die Komponenten auszuwählen, die man wirklich benötigt, um daraus ein angepasstes Bootstrap-Framework herunterzuladen. Außerdem können hierüber auch Farben, Schriftarten u.a. angepasst werden.

Darüber hinaus gibt es verschiedene bereits erstellte Vorlagen zum kostenlosen oder kostenpflichtigen Herunterladen[19] sowie weitere auf Bootstrap aufbauende Komponenten[20]. Zur Gestaltung des Layouts stehen auch grafische Designer zur Verfügung. Es sollten aber grundlegende Kenntnisse von CSS und Bootstrap vorhanden sein, um diese zu nutzen.[21]

## Grundlegendes

Durch die Einbindung von Bootstrap in ein HTML-Dokument erscheint dieses bereits entsprechend formatiert, da Bootstrap typografische Elemente (Schriftart usw.), Hyperlinks oder auch die Hintergrundfarbe des <body>-Elementes ändert.

Zur Gestaltung des Layouts verwendet Bootstrap ein Grid-Layout, das auch typografisches Raster genannt wird. Hierbei werden die einzelnen Elemente tabellarisch auf einzelne Zeilen und Spalten verteilt. Um ein Grid zu verwenden, muss dieses bei Bootstrap in ein Containerelement eingebettet werden. Dazu dienen die beiden CSS-Klassen „container" mit einer fixen Breite und „container-fluid", das die gesamte Breite des Darstellungsbereiches des Elternelementes einnimmt.

---

[19] z.B. https://wrapbootstrap.com, http://startbootstrap.com, http://bootstrapzero.com, http://bootswatch.com

[20] http://getfuelux.com, http://react-bootstrap.github.io

[21] http://www.layoutit.com, http://www.bootply.com

## Grid

Wie bereits erwähnt, ist ein Grid ein typografisches Raster mit Zeilen und Spalten zur Gestaltung des Layouts einer Webseite. Bei Bootstrap kann ein Grid pro Zeile aus maximal 12 Spalten bestehen. Die Breite jeder Zelle wird über den Klassennamen angegeben, z.B. col-xs-1 bis col-xs-12. Übersteigt eine Zeile die Breite von 12, werden die Spalten entsprechend ihrer Breite auf die nächste Zeile umgebrochen.

Das Grid wird über <div>-Elemente aufgebaut, wobei Zeilen mit dem Klassennamen „row" und Spalten mit dem beginnenden Klassennamen „col-" gefolgt von einem Auflösungstyp (xs, sm, md, lg) und der Breite der Spalte versehen werden. Tabelle 5.1 listet alle Gruppen von Klassennamen und deren Geräteeignung auf.

| Klassen-name | Ab-kürzung | Geräte-eignung | Auflösung | Spalten-breite | Container-breite |
|---|---|---|---|---|---|
| col-xs-1 ... col-xs-12 | extra small | Smartphone | < 768px | auto | auto |
| col-sm-1 ... col-sm-12 | small | Tablet | > 768px | 62px | 750px |
| col-md-1 ... col-md-12 | medium | Desktop | > 992px | 81px | 970px |
| col-lg-1 ... col-lg-12 | large | Large desk-top | >1200px | 97px | 1170px |

**Tabelle 5.1** Einstellungen des Grid

Das folgende Beispiel erstellt ein Grid, das von Tablets bis „Large Desktops", also mit einer Auflösung von 768 Pixel und größer, einsetzbar ist. Es besteht aus einer Zeile mit zwei Spalten der Größe 6 (insgesamt 12) und einer zweiten Zeile mit drei Spalten der Größen 2, 4 und 6 (insgesamt auch 12).

```
<div class="container view">
    <div class="row">
        <div class="col-sm-6">Breite 6</div>
        <div class="col-sm-6">Breite 6</div>
    </div>
    <div class="row">
        <div class="col-sm-2">Breite 2</div>
        <div class="col-sm-4">Breite 4</div>
        <div class="col-sm-6">Breite 6</div>
    </div>
</div>
```

Um die Begrenzungen der einzelnen Zellen zu sehen, hat das Containerelement die selbsterstellte Klasse „view" zugewiesen bekommen, die wie folgt einen Rahmen und eine Hintergrundfarbe setzt:

```
<style>
    .view [class^=col-] {
        background-color: rgba(192,192,192,0.2);
        border: 1px solid darkgray;
    }
</style>
```

Beachten Sie im CSS-Code beim Selektor das „^"-Zeichen. Es legt fest, dass der folgende Stil nur auf Elemente angewendet wird, deren Klassenname mit „col-" beginnt.

Das Ergebnis ist in Abb. 5.1 zu sehen. Zu berücksichtigen ist, dass beim Verkleinern des Browserfensters auf eine Breite von unter 768 Pixeln die einzelnen Zellen umgebrochen und gestapelt untereinander erscheinen. Das entspricht dem Verhalten, das aus der Tabelle 5.1 abzulesen ist. Bei den Klassen „col-sm-1" wird ab dieser Breite umgebrochen.

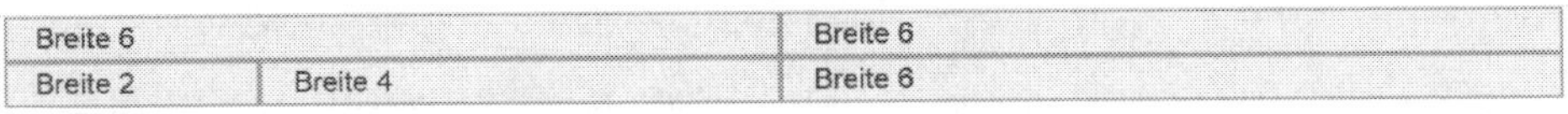


**Abbildung 5.1** Beispiel für ein Grid

Um bei kleineren Geräten zu verhindern, dass die Zellen untereinander gestapelt werden, können die Klassennamen kombiniert verwendet werden.

```
<div class="row">
    <div class="col-sm-1 col-xs-2">Breite 1/2</div>
    <div class="col-sm-2 col-xs-4">Breite 2/4</div>
    <div class="col-sm-4 col-xs-6">Breite 4/6</div>
</div>
```

### Text

Neben den schon erwähnten typografischen Anpassungen wie Schriftart (Helvetica, Schriftgröße 14pt) oder Hintergrundfarbe des <body>-Elements werden bei Bootstrap <strong>-Elemente immer in Fettschrift und <em>-Elemente in Kursivschrift dargestellt.

Über die CSS-Klassen „text-lowercase", „text-uppercase" und „text-capitalize" kann die Groß-/Kleinschreibung von Text-Elementen geändert werden. <abbr>-Elemente für Abkürzungen in HTML werden über eine gestrichelte Linie mit einem Fragezeichencursor angezeigt.

```
Mit <abbr title="HyperText Markup Language">HTML</abbr> kann man
Webseiten gestalten.
```

Um Listen horizontal auszurichten, gibt es die Klasse „list-inline".

```
<ul class="list-inline">
    <li>Home</li>
    <li>Produkte</li>
    <li>Über</li>
</ul>
```

Tastatureingaben werden in HTML über das <kbd>-Tag festgelegt. Bootstrap zeigt solche Elemente in einem abgerundeten schwarzen Rechteck an.

```
Betätigen Sie die Tasten <kbd>Strg+F1</kbd>
```

Um einzelne Elemente vor allem im Kopfbereich noch stärker als über das <h1>-Element hervorzuheben, kann man in Bootstrap ein <div>-Element mit der Klasse „jumbotron" anlegen. Alle zugehörigen Kindelemente werden in einem grau hinterlegten Kasten und Textelemente vergrößert dargestellt.

Um Text innerhalb eines Satzes hervorzuheben, kann die CSS-Klasse „label" in Verbindung mit „label-default" u.a. verwendet werden.

## Tabellen

Bootstrap kennt fünf Klassen, um das Aussehen einer Tabelle zu ändern. Über „table" wird die gesamte Breite des Elternelementes zur Anzeige der Tabelle verwendet und für jede Zeile ein unterer Rahmen dargestellt. Über „table-striped" erscheint jede zweite Zeile im <tbody>-Element der Tabelle andersfarbig. „table-condensed" zeigt die Tabelle in vertikaler Richtung etwas kompakter an. Über „table-bordered" wird ein Rahmen um jede Zelle der Tabelle gezeichnet und „table-hover" bewirkt, dass beim Bewegen der Maus über eine Zeile diese andersfarbig hinterlegt wird. Das folgende Beispiel wendet alle fünf Stile auf eine Tabelle an:

```
<table class="table table-striped table-condensed
              table-bordered table-hover">
    <thead>
        <tr>
            <th>Land</th>
            <th>Einwohner</th>
            <th>Hauptstadt</th>
        </tr>
```

```
        </thead>
        <tbody>
            <tr>
...
```

Die Darstellung der Tabelle ist in Abb. 5.2 zu sehen.

| Land | Einwohner | Hauptstadt |
|---|---|---|
| Deutschland | 80 Mio. | Berlin |
| Frankreich | 66 Mio. | Paris |
| Spanien | 46 Mio. | Madrid |
| Italien | 61 Mio. | Rom |

**Abbildung 5.2** Beispiel für eine Tabelle

Um Zeilen oder auch einzelne Zellen besonders hervorzuheben, gibt es die fünf Klassen active, success, info, warning, danger.

## Formulare

Bei Formularen werden alle Elemente vom Typ <input>, <select> und <textarea> in der gesamten Breite des Elternelementes angezeigt, wenn ihnen die Klasse „form-control" zugewiesen wird. Um die Abstände zwischen den Elementen optimal darzustellen, empfiehlt Bootstrap, <label>- und Eingabeelement in einem <div>-Element zu gruppieren, das der Klasse „form-group" zugewiesen wurde. Das folgende Beispiel zeigt ein einfaches Formular zum Anmelden:

```
<form>
    <div class="form-group">
        <label for="user">Benutzer</label>
        <input type="text" class="form-control" id="user"
         name="user">
    </div>
```

```
    <div class="form-group">
        <label for="password">Kennwort</label>
        <input type="password" class="form-control"
         id="password" name="password">
    </div>
    <label>
        <input type="checkbox" id="notice"
         name="notice"> Merken!
    </label>
</form>
```

Durch Zuweisung der Klasse „form-inline" können in Formularen, die in einem Browser mit mindestens 768 Pixeln angezeigt werden, die Elemente auch hintereinander angeordnet werden. Ist der anzuzeigende Bereich allerdings kleiner als 768 Pixel, wird die Klasse ignoriert.

Haben Eingabeelemente kein Label, sollte es dennoch erstellt und über den Klassennamen „sr-only" unsichtbar gemacht werden, da Vorleseprogramme (Screenreader) sonst nicht erkennen können, wofür das Eingabeelement da ist. Zusätzlich sollte das Element einen Wert für das Attribut „placeholder" enthalten. Das folgende Beispiel zeigt ein Eingabeelement für die E-Mail-Adresse. Anstelle eines Labels, wird das Symbol eines Briefes verwendet.

```
<div class="form-group">
    <label for="email" class="sr-only">E-Mail</label>
    <div class="input-group">
        <div class="input-group-addon">
            <span class="glyphicon glyphicon-envelope" />
        </div>
        <input type="email" class="form-control" id="email" />
        <div class="input-group-addon">.de</div>
    </div>

</div>
```

Das Beispiel zeigt auch, wie aus mehreren HTML-Elementen ein einzelnes Eingabeelement erzeugt wird, indem ein <div>-Element über die Klasse

„input-group" mehrere Elemente zusammenfasst. Soll das jeweilige Element direkt an das Eingabeelement angebunden sein, muss zusätzlich wie im Beispiel die Klasse „input-group-addon" genutzt werden. Über die zusätzlichen Klassen „input-group-xs", „input-group-sm", „input-group-md" und „input-group-lg" kann die Größe der Eingabegruppen beeinflusst werden.

Symbole aus der mitgelieferten Schriftart von Bootstrap kann man über die allgemeine Klasse „glyphicon" und die jeweils spezielle Klasse für das Symbol wie z.B. „glyphicon-envelope" einbinden. Das obige Eingabeelement für die E-Mail-Adresse ist in Abb. 5.3 zu sehen.

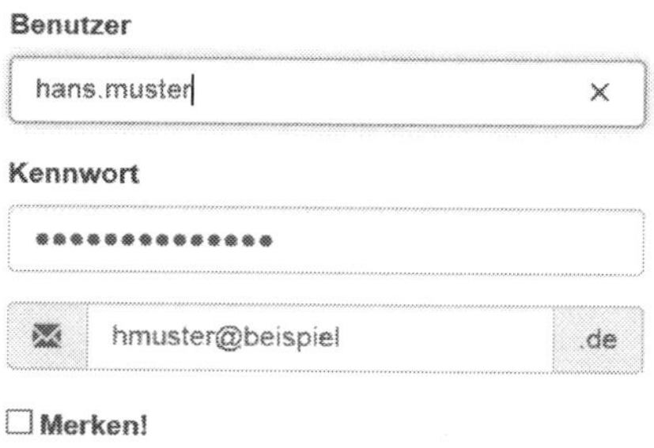


**Abbildung 5.3** Beispiel für die Klassen sr-only, input-group und glyphicon

Zur horizontalen Anzeige der Labels eines Formulars vergibt man der Form die Klasse „form-horizontal". Alle <div>-Elemente der Klasse „form-group" werden nun in einer Zeile angezeigt. Dazu muss aber für jedes Eingabeelement die Breite in der Zeile über ein Grid definiert werden.

```
<form class="form-horizontal">
    <div class="form-group">
        <label for="user"
             class="col-sm-2 control-label">Benutzer
        </label>
        <div class="col-sm-6">
            <input type="text" class="form-control" id="user">
        </div>
    </div>
...
```

Um innerhalb eines Formulars statischen Text einzufügen, verwendet man in Bootstrap ein <div>-Element mit der Klasse „form-control-static".

Um bei Eingabeelementen erfolgreiche oder fehlerhafte Eingaben bzw. eine Warnung anzuzeigen, stehen die Klassen „has-success", „has-error" und „has-warning" zur Verfügung. Diese werden dem <div>-Element über die Klasse „form-group" zugewiesen.

```
<div class="form-group has-error">
    <label for="user" class="control-label">Benutzer</label>
    <div class="col-sm-6">
        <input type="text" class="form-control" id="user"/>
    </div>
</div>
```

### Buttons

CSS-Klassen zur Anzeige von Buttons können für die Elemente <button>, <input> und <a> gesetzt werden. Um eines dieser Elemente als Bootstrap-Button anzuzeigen, verwendet man die Klasse „btn". Über die Klassen „btn-default", „btn-primary", „btn-success", „btn-info", „btn-warning", „btn-danger" und „btn-link" werden das Aussehen und über „btn-xs", „btn-sm", „btn-md" sowie „btn-lg" die Größe des Buttons beeinflusst. Abb. 5.4 zeigt verschiedene Buttons in Bootstrap.

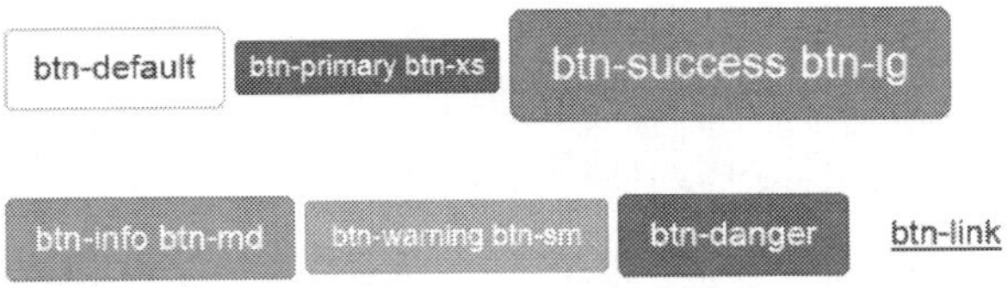


**Abbildung 5.4** Beispiele für Buttons in Bootstrap

Durch Deklaration als Blockelement über die Klasse „btn-block“ können Buttons auch vertikal angeordnet werden. Über die Klasse „active“ erscheint ein Button als „gedrückt“.

Buttons können zu einer Gruppe zusammengefasst werden, indem sie in ein <div>-Element mit der Klasse „btn-group“ eingebettet werden.

```
<div class="btn-group">
    <button class="btn btn-default">Play</button>
    <button class="btn btn-default">Points</button>
    <button class="btn btn-default">exit</button>
</div>
```

Über die Klassen „btn-group-xs“, „btn-group-sm“, „btn-group-md“ und „btn-group-lg“ kann die Größe der Button-Gruppe beeinflusst werden.

Soll eine Toolbox über Button-Gruppen erstellt werden, bettet man die Button-Gruppen in ein <div>-Element mit der Klasse „btn-toolbar“ ein. Um die Buttons innerhalb einer Gruppe auszurichten, verwendet man die Klasse „btn-group-justified“. Die Gruppe wird damit auf die Breite des Elternelementes skaliert.

Über die Klasse „btn-group-vertical“ können die Gruppen vertikal angeordnet werden.

### Dropdown

Um ein Dropdown-Element zu erstellen, müssen das Menü der Dropdownliste und das dazugehörige Aktionselement, z.B. ein Button, in ein <div>-Element mit der Klasse „dropdown“ eingebettet werden. Danach folgt das Menü in Form einer Liste, wobei das <ul>-Element die Klasse „dropdown-menu“ erhalten muss.

```
<div class="dropdown">
    <button data-toggle="dropdown">
        Aktion<span class="caret"></span>
    </button>
```

```
    <ul class="dropdown-menu">
        <li><a href="#">Play</a></li>
        <li><a href="#">Points</a></li>
        <li class="divider"/>
        <li><a href="#">Exit</a></li>
    </ul>
</div>
```

Neben der Vergabe dieser beiden Klassen, muss das Aktionselement dem Attribut data-toggle unbedingt den Wert „dropdown" zuweisen. Hierdurch wird dem Click-Ereignis des Dropdown-Buttons automatisch eine JavaScript-Funktion zugeordnet, die das Aufklappen des Menüs bewirkt. Voraussetzung für Dropdown-Listen ist also die Einbindung der JavaScript-Dateien. Um Trenner zwischen Menüpunkten zu erzeugen, gibt es die Klasse „divider", die einem Listenelement zugewiesen wird. Das Ergebnis ist in Abb. 5.5 zu sehen.

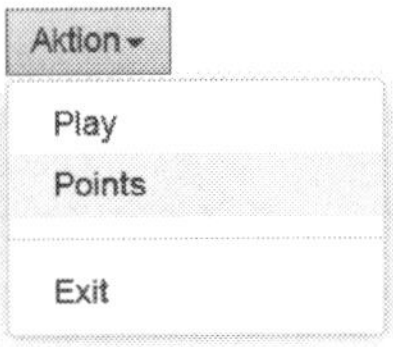


**Abbildung 5.5** Dropdown-Liste

## Image

Damit sich Bilder den Geräteeigenschaften des Browsers anpassen, vergibt man in Bootstrap den Klassennamen „img-responsive". Dadurch wird das Bild automatisch verkleinert, sobald es in der Breite nicht vollständig angezeigt werden kann. Über den Klassennamen „img-thumbnail" wird um das Bild ein abgerundeter grauer Rahmen gezogen, über „img-rounded" wird es an den Ecken abgerundet und über „img-circle" als Kreis angezeigt.

```
<img src="content/poster.png"
```

```
 class="img-responsive img-thumbnail" />
<img src="content/poster.png"
 class="img-responsive img-circle" />
<img src="content/poster.png"
 class="img-responsive img-rounded" />
```

## Symbole

Im Abschnitt über Formulare wurde bereits die Verwendung von Symbolen aus der mitgelieferten Schriftart gezeigt. Symbole können auch direkt in Eingabeelementen wie dem Button mit dem Text kombiniert werden. Der folgende Button zeigt das Drucken-Symbol zusammen mit dem Text:

```
<button class="btn btn-default btn-lg">
    <span class="glyphicon glyphicon-print"></span> Drucken...
</button>
```

## Navigation

Navigationsleisten werden in Bootstrap über eine Liste dargestellt. Dieser wird die CSS-Klasse „nav“ zugewiesen. Zusätzlich sollte die Liste als <nav>-Element umrahmt werden. Das folgende Beispiel zeigt eine einfache Navigationsleiste, die vertikal angeordnet wird:

```
<nav>
    <ul class="nav">
        <li class="active"><a href="#">Home</a></li>
        <li><a href="#">Produkte</a></li>
        <li><a href="#">&Uuml;ber</a></li>
    </ul>
</nav>
```

Um die Navigationsleiste horizontal anzuzeigen und ihr das Aussehen von Registerkarten oder abgerundeten Rechtecken zu geben, verwendet man zusätzlich zur „nav"-Klasse die Klassen „nav-tabs" bzw. „nav-pills". Um diese vertikal anzuzeigen, vergibt man den Klassenstil „nav-stacked".

Um also eine Navigationsleiste vertikal mit abgerundeten Rechtecken zu erstellen, weist man dem <ul>-Element zusätzlich die Klassen „nav", „nav-pills" und „nav-stacked" zu. Das Ergebnis ist in Abb. 5.6 zu sehen.

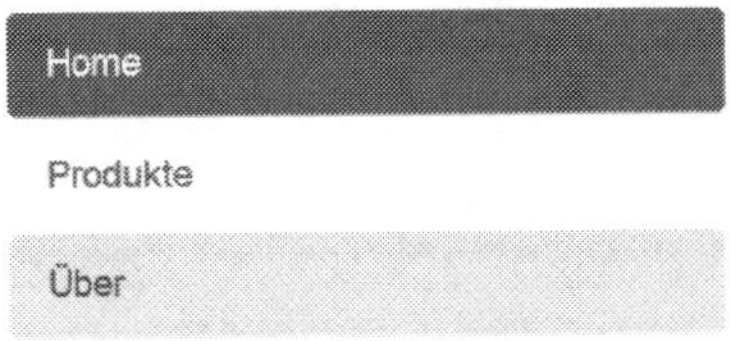


**Abbildung 5.6** Navigationsleiste über die Klassen „nav" „nav-pills", „nav-stacked"

Über die Klasse „nav-justified" können die Navigationselemente gleichmäßig im Elternelement ausgerichtet werden. Um einzelne Listeneinträge zu sperren, verwendet man den Klassennamen „disabled". Um einen Eintrag als aktiviert zu kennzeichnen, nutzt man „active".

Um einen Listeneintrag mit einem Dropdown-Menü zu versehen, geht man wie im Abschnitt Dropdown beschrieben vor. Dem Listenelement wird die Klasse „dropdown" zugewiesen. Darunter folgt die Deklaration des eigentlichen Dropdowns mit den Klassen „dropdown-toggle" und „dropdown-menu".

```
<ul class="nav nav-tabs">
  <li><a href="#">Home</a></li>
  <li><a href="#">Produkte</a></li>
  <li class="dropdown">
      <a class="dropdown-toggle" data-toggle="dropdown" href="#">
          &Uuml;ber
      </a>
      <ul class="dropdown-menu">
        <li><a href="#">Kontakt</a></li>
```

```
        <li><a href="#">Unternehmen</a></li>
      </ul>
   </li>
</ul>
```

Neben den gerade beschriebenen immer sichtbaren Navigationsleisten gibt es die komplexere „navbar"-Klasse. Diese Navigationsleisten passen sich je nach Darstellungsfläche an. Sie sind entweder vollständig sichtbar oder es wird oben links ein Button mit drei Strichen angezeigt, über den die Navigationsleiste sichtbar gemacht werden kann. Außerdem können Formulare in die Navigationsleiste eingebunden werden, um z.B. ein Eingabefeld zum Suchen bereitzustellen.

Eine Navigationsleiste wird über das HTML-Element <nav> mit der Klasse „navbar" deklariert. Zusätzlich werden die Stile „navbar-default" oder „navbar-inverse" für eine invertierte Darstellung angegeben.

```
<nav class="navbar navbar-default">
...
</nav>
```

Als erstes wird innerhalb der Navigationsleiste ein Header deklariert, der ein Logo der Website darstellt und zur Startseite verlinkt.

```
...
   <div class="navbar-header">
      <div class="navbar-brand">
         <a href="index.html">
            <img src="content/html5-logo.png" />
         </a>
      </div>
...
```

Zusätzlich muss der Button deklariert werden, der erscheint, wenn das Menü nicht mehr vollständig angezeigt werden kann. Diesem Button werden die Klassen „navbar-toggle" und „collapsed" zugewiesen. Über die beiden von Bootstrap definierten Attribute data-toggle und data-target wird JavaScript-Code hinterlegt, der das Aufklappen des Menüs bewirkt.

```
    <div class="navbar-header">
...
        <button class="navbar-toggle collapsed"
                data-toggle="collapse"
                data-target="#main-navbar">
            <span class="glyphicon glyphicon-menu-hamburger" />
        </button>
    </div>
```

Das Attribut data-target verweist auf die id des Elementes, das die eigentliche Navigationsleiste enthält, die auf- und zuklappbar sein soll. Dieses Element wird als nächstes deklariert und erhält die Klassen „navbar-collapse" und „collapse". Darauf folgen die eigentlichen Menüelemente, die man über die am Anfang beschriebenen Navigationsleisten erzeugen kann. Allerdings wird den Menüelementen der Stil „navbar-nav" zugewiesen.

```
    <div class="navbar-collapse collapse" id="main-navbar">
        <ul class="nav navbar-nav">
            <li class="active"><a href="#">Home</a></li>
            <li><a href="#">Produkte</a></li>
            <li><a href="#">&Uuml;ber</a></li>
        </ul>
    </div>
```

Auch Dropdown-Menüs werden, wie oben beschrieben, eingebunden. Zusätzlich können Formulare in die Navigationsleiste eingebunden werden. Dem Formular muss dafür die Klasse „navbar-form" zugewiesen werden. Ansonsten bleibt der Aufbau, wie im Abschnitt über Formulare beschrieben, bestehen. Das folgende Beispiel bindet einen Suchen-Button und ein Texteingabefeld in die Navigationsleiste ein. Bei Betätigen des Suchen-Buttons wird der Suchtext als Query String an den Webserver übergeben.

```
...
      <form method="get" class="navbar-form navbar-left">
          <input type="text" name="q" class="form-control">
          <input type="submit" name="search"
           class="btn btn-default" value="Suchen" />
        </form>
```

In die Navigationsleiste eingebundener Text und Buttons müssen neben den hierfür üblichen Bootstrap-Klassen die CSS-Klassen „navbar-text" bzw. „navbar-btn" erhalten. Die oben erstellte Navigationsleiste ist in Abb. 5.7 zu sehen.

**Abbildung 5.7** Navigationsleiste über die „navbar"-Klassen

## Sonstige CSS-Klassen

Über die Klasse „alert" in Verbindung mit „alert-success", „alert-warning", „alert-danger" und „alert-info" können Benachrichtigungen angezeigt werden. Soll die Benachrichtigung geschlossen werden können, vergibt man zusätzlich die Klasse „alert-dismissible" und bindet einen Button ein.

```
<div class="alert alert-info alert-dismissible">
    Es sind 2 neue Anfragen eingegangen!
    <button class="close"
            data-dismiss="alert">
        <span>x</span>
    </button>
</div>
```

Wie im Beispiel zu sehen, muss der Button zum Schließen der Benachrichtigung dem von Bootstrap verwendeten data-dismiss-Attribut den Wert

„alert" zuweisen. Dadurch wird JavaScript-Code zum Schließen der Benachrichtigung an das Click-Ereignis des Buttons gebunden.

Zur Anzeige von abgegrenzten Kästchen können Panels oder Wells verwendet werden. Wells werden angelegt, indem einem <div>-Element die Klasse „wells" zugewiesen wird. Alle eingebetteten Elemente in diesem <div>-Bereich werden in einem grau hinterlegten Kästchen angezeigt.

Weiterführende Gestaltungsmöglichkeiten bietet die Klasse „panel" in Verbindung mit „panel-default", „panel-info", „panel-success" u.a. Jedes Panel kann aus einem Kopf-, Textkörper- und Fußbereich bestehen. Diese werden über die Klassen „panel-heading", „panel-body" und „panel-footing" deklariert. Das folgende Beispiel erzeugt einen Panel mit Kopfbereich und Textkörper. Der Textkörper enthält zusätzlich über „alert" eine Nachricht.

```
<div class="panel panel-default">
    <div class="panel-heading">Kundenanfragen</div>
    <div class="panel-body">
        <p>Wenn neue Kundenanfragen eingehen, erscheint hier
        eine Nachricht. Diese sind innerhalb eines Tages zu
        bearbeiten.</p>
    </div>
    <div class="alert alert-info alert-dismissible">
        Es sind 2 neue Anfragen eingegangen!
        <button class="close"
         data-dismiss="alert"><span>x</span></button>
    </div>
</div>
```

Das Ergebnis des HTML-Quellcodes ist in Abb. 5.8 zu erkennen.

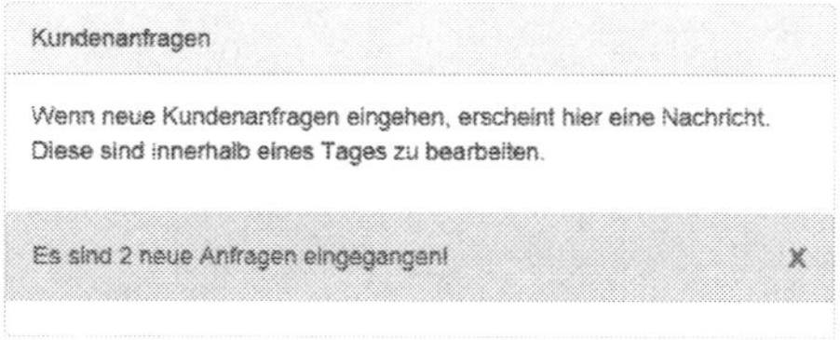


**Abbildung 5.8** Panels und Alerts

Tooltips werden gesetzt, indem bei einem HTML-Element das Attribut data-toggle auf „tooltip" gesetzt wird. Zusätzlich muss das title-Attribut dem Text zugewiesen werden, der angezeigt werden soll.

## Zusammenfassung

In diesem Kapitel wurde das CSS-Framework Bootstrap vorgestellt. Mit Bootstrap können HTML-Dokumente ohne detaillierte CSS-Kenntnisse formatiert werden.

Nachdem erklärt wurde, welche Dateien in ein HTML-Dokument eingebunden werden müssen, um Bootstrap zu nutzen, wurde das Grid-Layout von Bootstrap erläutert. Anschließend wurde auf wichtige CSS-Klassen von Bootstrap für Texte, Tabellen, Formulare, Buttons, Dropdown-Listen und -menüs, Bilder, Symbole sowie Navigationsleisten eingegangen. Eine ausführliche Dokumentation mit zahlreichen Beispielen zu Bootstrap findet sich unter http://getbootstrap.com oder in deutscher Sprache unter http://holdirbootstrap.de.[22]

Die nächsten Kapitel beschäftigen sich mit der eigentlichen Programmierung. Dazu wird zunächst auf die clientseitige Programmiersprache JavaScript eingegangen, die auch in den letzten Kapiteln schon erwähnt wurde.

---

[22] Codesnippets für Visual Studio und Bootstrap gibt es über das Addon „Bootstrap Snippet Pack" (https://visualstudiogallery.msdn.microsoft.com/e82e7862-f731-4183-a27a-3a44b261bfe5)

# 6 JavaScript

### Worum geht es in diesem Kapitel?

- Wie ist JavaScript entstanden?
- Wie sehen die allgemeinen Sprachkonstrukte aus (Kontrollstrukturen, Datentypen, Variablen usw.)?
- Wie werden Funktionen angelegt?
- Wie programmiert man in JavaScript objektorientiert?
- Wie kann man HTML-Dokumente mit JavaScript verändern?

### Allgemein

Mitte der 90er Jahre dominierten zwei Browser das Internet, der Navigator der Firma Netscape und der Internet Explorer von Microsoft. Um HTML und CSS um dynamische Elemente zu erweitern, entwickelte der Informatiker Brendan Eich für die Firma Netscape die einfache Skriptsprache LiveScript, die später in JavaScript umbenannt wurde. Microsoft übernahm die Konzepte der Sprache, entwarf aber eine eigene Skriptsprache, die JScript genannt wurde. Damit mussten HTML-Dokumente, wenn sie diese Skriptsprachen verwendeten, für beide Browser angepasst werden.

Um dieses Problem zu beheben, wurde JavaScript von der Ecma International 1997 erstmalig unter der Bezeichnung ECMAScript standardisiert. Ecma International ist eine Normungsorganisation, die sich aus international tätigen Unternehmen der Informatik zusammensetzt (Google, IBM, Microsoft, Adobe, eBay, Intel, AMD u.a.).

Die aktuelle Version ist der Standard ECMA-262 5.1 aus dem Jahr 2011[23]. Hierin werden nur der Sprachkern, aber nicht die Zugriffe auf HTML-Dokumente standardisiert. Hierfür existiert ein gesonderter Standard, der vom

---

[23] siehe http://www.ecma-international.org/publications/standards/Ecma-262.htm
als ISO/IEC 16262:2011 auch von der ISO (International Organization for Standardization) standardisiert

W3C erstellt und angepasst wird. Dieser Standard wird als Document Object Model (DOM) bezeichnet. Die aktuelle Version ist das DOM Level 3.[24]

In diesem Kapitel werden zunächst der Sprachkern der Skriptsprache JavaScript und danach das Document Object Model exemplarisch erläutert. Grundkenntnisse einer objektorientierten Programmiersprache wie z.B. Java, C# oder Visual Basic werden dabei vorausgesetzt. Dieses Kapitel dient als kurze und kompakte Einführung in die Programmierung mit JavaScript. Eine ausführliche Referenz, um sich weiter mit JavaScript auseinanderzusetzen, finden Sie z.B. unter https://developer.mozilla.org oder http://www.w3schools.com/jsref.

Zur Erläuterung des Sprachkerns wird im Rahmen des Kapitels ein einfaches HTML-Dokument benötigt, da der Browser einen Interpreter für diese Sprache enthält. JavaScript wird inzwischen aber nicht nur in Browsern verwendet, sondern auch zur serverseitigen Entwicklung mit Node.JS oder zur Entwicklung mobiler Apps im Windows-10/Phone-8.1-Umfeld. Insofern kann JavaScript heutzutage als vollwertige Programmiersprache angesehen werden, die nicht nur interpretiert, sondern von Entwicklungsumgebungen auch in Maschinen- oder Bytecode compiliert wird.

Man kann JavaScript-Quellcode in einem normalen Texteditor erstellen und dann im Browser ausführen und ggf. debuggen. So bieten alle bekannten Browser über die Entwicklertools (Funktionstaste F12) die Möglichkeit, den JavaScript-Code in einem HTML-Dokument oder in einer externen Datei zu debuggen. Mozilla Firefox bietet daneben eine eigene JavaScript-Umgebung (Menü „Extras → Web-Entwickler → JavaScript-Umgebung"), in der man JavaScript-Code direkt eingeben und testen kann (Abb. 6.1).

Zu empfehlen ist jedoch eine vollwertige Entwicklungsumgebung, in der eigene Projekte für Websites angelegt werden können und der Texteditor u.a. auch Autovervollständigung unterstützt (z.B. JetBrains WebStorm, Eclipse IDE for JavaScript Web Developers).

---

[24] siehe http://www.w3.org/DOM/DOMTR

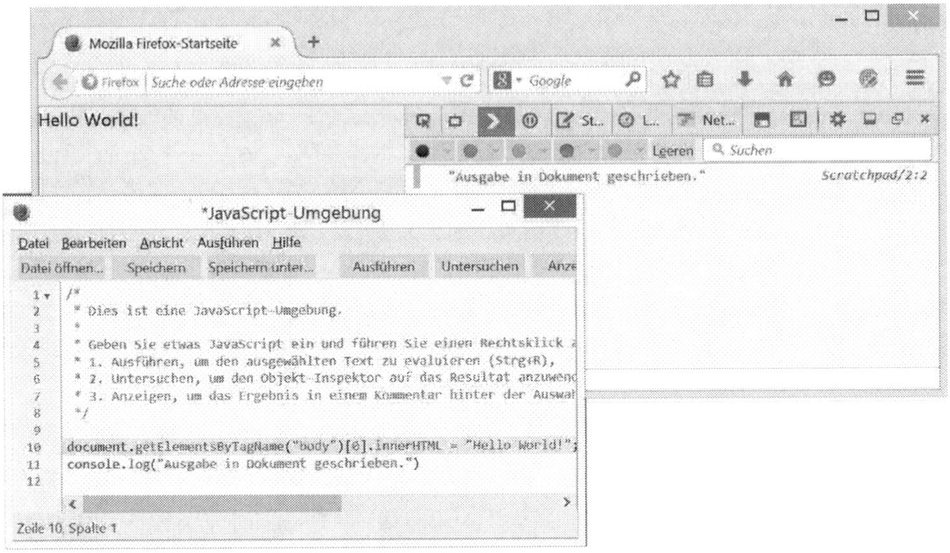


**Abbildung 6.1** JavaScript-Umgebung (Scratchpad) von Mozilla Firefox

Im Rahmen dieses Buches wird Microsoft Visual Studio 2015 Community Edition verwendet. Sie können die Software von der Website http://www.visualstudio.com kostenlos herunterladen. Um die Beispiele mit Visual Studio nachzuvollziehen, erstellen Sie als neues Projekt eine „ASP.NET Webanwendung“. Mit diesem Projekttyp können Sie eine normale Website aus HTML-, CSS- und JavaScript-Dateien erzeugen. Wählen Sie danach als Vorlage „Empty“ aus. Anschließend fügen Sie dem Projekt eine leere HTML-Datei hinzu (Abb. 6.2).

Um JavaScript in HTML einzubinden, gibt es drei Möglichkeiten:

- intern im <head>- oder <body>-Element
- inline im HTML-Element
- als externe CSS-Datei

Auf die Einbindung von JavaScript-Code im <head>-Element wurde bereits im zweiten Kapitel eingegangen. Dazu verwendet man das <script>-Element. Zwischen öffnendem und schließendem Tag steht der JavaScript-Code.

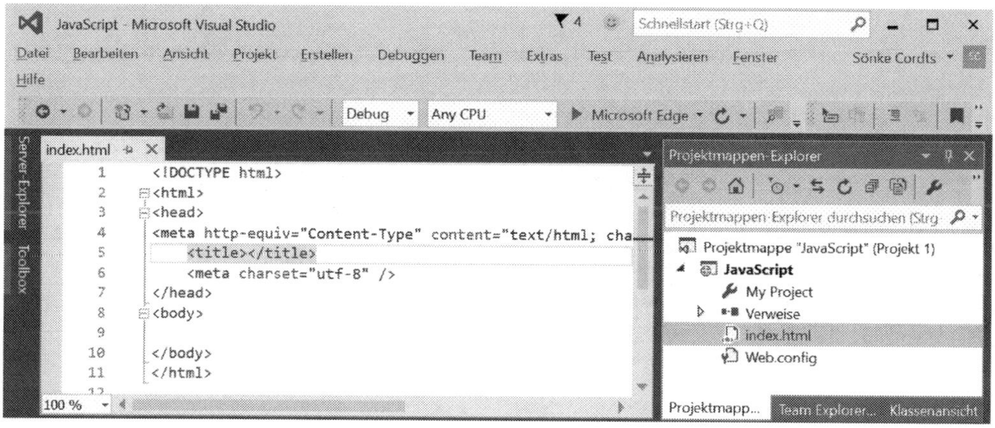


**Abbildung 6.2** Leere Webanwendung in Visual Studio 2015

Das <script>-Element kann aber auch zwischen anderen Elementen im <body>-Bereich erscheinen. Im folgenden Beispiel wird der <script>-Block intern in ein <h1>-Element eingebettet und das aktuelle Datum über JavaScript-Code ausgegeben:

```
<h1>
    <script>
        document.write(new Date().toLocaleDateString());
    </script>
</h1>
```

Als zweite Möglichkeit kann JavaScript in HTML inline innerhalb eines Elementes auf Grundlage eines Ereignisses, z.B. wenn der Mauscursor über das Element bewegt wird, eingebunden werden. Der JavaScript-Code wird dann dem Attribut des Elementes, das das Ereignis darstellt, zugewiesen. Das folgende Beispiel weist dem Ereignisattribut onmouseover zwei Zeilen JavaScript-Code zu:

```
<h1 onmouseover="var h1 = document.getElementsByTagName('h1')[0];
                h1.innerText = new Date();">
    Bewege die Maus über diesen Text und es erscheint das
    aktuelle Datum.
```

```
</h1>
```

Zunächst wird das erste <h1>-Element im Dokument ermittelt. Darauf wird der Inhalt des <h1>-Elementes mit dem aktuellen Datum belegt.

Die dritte Möglichkeit besteht darin, JavaScript in eine Datei auszulagern und, wie in Kapitel 3 gezeigt, über das <script>-Tag im HTML-Dokument auf die JavaScript-Datei zu verweisen. Das folgende Beispiel zeigt, wie man eine JavaScript-Datei in HTML einbindet:

```
<script src="base.js"></script>
```

Das <script>-Element kann nicht als selbstschließendes Tag verwendet werden, daher muss hier ein gesondertes schließendes Tag erscheinen.

Für die Einbindung von JavaScript-Code ist die Position im HTML-Code entscheidend. Wenn man die beiden JavaScript-Anweisungen aus dem vorherigen Beispiel in die base.js kopiert und die Datei vor dem <h1>-Element einbindet, kommt es zu einer Fehlermeldung, da die Überschrift noch nicht existiert und der Aufruf der Funktion document.getElementsByTagName fehlschlägt.

```
<script src="base.js"></script>
<h1>
    Bewege die Maus über diesen Text und es erscheint das
    aktuelle Datum.
</h1>
```

Daher werden externe JavaScript-Dateien normalerweise erst am Ende des HTML-Dokumentes vor dem schließenden <body>-Tag zugebunden. Alternativ kann dem <script>-Element auch das Attribut „defer="defer"" zugewiesen werden. Dadurch wird gewährleistet, dass das Skript erst dann ausgeführt wird, wenn das HTML-Dokument vollständig geladen ist.

Um den Sprachkern von JavaScript kennenzulernen, soll folgende HTML-Vorlage verwendet werden:

```
<!DOCTYPE html>

<html>
<head>
    <meta charset="utf-8" />
    <title>Einf&uuml;hrung in JavaScript</title>
</head>
<body>
    <pre><script>
    // Hier erscheint der JavaScript-Code
    document.writeln("Hallo");
    </script></pre>
</body>
</html>
```

Über das <pre>-Tag werden alle Ausgaben, die über JavaScript in das HTML-Dokument geschrieben werden, mit Leerzeichen und Zeilenumbrüchen ausgegeben („preformatted text"). Für Ausgaben im HTML-Dokument wird in den folgenden Beispielen die Methode document.writeln verwendet. Hierbei handelt es sich um eine einfache Methode des Document Object Model zur dynamischen Erzeugung von HTML-Ausgaben.

Eine zweite Möglichkeit besteht in der Verwendung des console-Objektes. Dieses Objekt kennt Methoden, um in das Konsolenfenster der Entwicklertools eines Browsers zu protokollieren (log, trace, warn u.ä.).[25]

## Datentypen, Werte und Ausdrücke

JavaScript kennt zum einen primitive Datentypen. Dabei handelt es sich um einen einzelnen Wert, der durch den Datentyp beschrieben wird. Hierzu gehören die Datentypen Boolean, String, Number und auch die Werte null

---

[25] Sofern Sie mit Visual Studio arbeiten, können Sie auch über die Methode Debug.writeln in die Ausgabe der Entwicklungsumgebung schreiben.

und undefined. Zum anderen kennt JavaScript Objekte, die sich aus primitiven Datentypen, Objekten und Methoden zusammensetzen.

Variablen werden über das Schlüsselwort var angelegt. Um für eine Variable herauszufinden, welchen Datentyp sie besitzt, verwendet man den Operator typeof. Anders als in Programmiersprachen wie Java oder C# ist JavaScript typenlos, d.h. eine Variable kann durch Zuweisung eines Wertes einen anderen Datentyp erhalten. Folgender Code ist also zulässig:

```
var daten = 1;
document.writeln(typeof (daten));     // gibt Number aus
daten = "Hallo Welt!";
document.writeln(typeof (daten));     // gibt String aus
```

Zunächst werden der Variablen daten eine Zahl und danach eine Zeichenkette zugewiesen. Über typeof kann man ermitteln, dass die Variable daten nach der ersten Zuweisung dem Datentyp Number und nach der zweiten dem Datentyp String angehört.

Variablen müssen sich durch einen eindeutigen Namen, den Bezeichner, voneinander unterscheiden. Bei der Vergabe der Variablennamen wird Groß-/Kleinschreibung unterschieden. Zwei Variablen mit den Bezeichnern daten und DATEN sind also nicht identisch. Neben Variablen, denen man unterschiedliche Werte zuweisen kann, gibt es Literale. Hierbei handelt es sich um fixe Werte. Fixe Zeichenketten werden in JavaScript in einfache oder doppelte Anführungszeichen gesetzt und Zahlen entsprechen dem Datentyp Number. JavaScript unterscheidet bei Zahlen nicht zwischen Ganz- und Gleitkommazahlen. Hier sind Zahlen immer Gleitkommazahlen von 64 Bit, die hinter einem Dezimalpunkt die Nachkommastellen enthalten. Wird der Wertebereich einer Zahl überschritten, kommt es nicht zu einem Laufzeitfehler wegen Überlauf. Stattdessen wird der Variablen der Wert „Infinity" zugewiesen, auf den abgefragt werden kann. Auch eine Division durch 0 führt nicht zu einem Laufzeitfehler, sondern weist der Variablen den Wert „Infinity" zu. Folgendes Beispiel zeigt die Überprüfung auf Überlauf:

```
var isInfinity = Math.pow(10, 309) == Infinity;
```

```
document.writeln(isInfinity);                // gibt true aus
isInfinity = Math.pow(10, 308) == Infinity;
document.writeln(isInfinity);                // gibt false aus
```

Einzeilige Kommentare werden, wie im Beispielcode zu sehen, genau wie in Java und C#, über zwei Schrägstriche eingebunden. Bei mehrzeiligen Kommentaren verwendet man die beiden Zeichen /* zum Öffnen des Kommentars und */ zum Schließen.

Zahlen verwenden die gängigen arithmetischen Operatoren wie +, -, * und /. Eine Modulodivision über den %-Operator ist auch mit Nachkommastellen möglich. Über das von JavaScript vordefinierte Math-Objekt stehen daneben weitere mathematische Funktionen zur Verfügung (Tabelle 6.1).

Da Variablen in JavaScript typenlos sind, ist JavaScript im Gegensatz zu Java oder C# auch bei der Umwandlung in andere Datentypen bemüht, diese möglichst ohne Laufzeitfehler durchzuführen. Ansonsten existieren zusätzlich die globalen Funktionen parseInt und parseFloat, um Variablen in Zahlen umzuwandeln.

Das folgende Beispiel zeigt einige Anweisungen, bei denen unterschiedliche Datentypen kombiniert werden, und das entsprechende Ergebnis:

```
document.writeln(3 * "2");                  // ergibt 6
document.writeln(3 * "2 abc");              // ergibt NaN
document.writeln(3 + "2 abc");              // ergibt "32 abc"
document.writeln(3 + parseInt("2 abc")); // ergibt 5
```

An der zweiten Anweisung erkennt man, dass, wenn zwei Werte nicht miteinander arithmetisch verarbeitet werden können, das Ergebnis „Not a Number" (NaN) ergibt. Über die Funktion isNaN kann überprüft werden, ob eine Variable eine Zahl ist. An der dritten Anweisung kann man zudem sehen, dass die Operation abhängig von den Datentypen ist. Der Datentyp String erlaubt über den +-Operator, Zeichenketten miteinander zu verknüpfen. Im Beispiel wird also die Zahl 3 in eine Zeichenkette umgewandelt und dann mit der darauf folgenden Zeichenkette verknüpft.

| Methode | Beschreibung |
|---|---|
| abs | Liefert den absoluten Wert zurück. |
| acos | Liefert den Arcuscosinus als Bogenmaß zurück. |
| asin | Liefert den Arcussinus als Bogenmaß zurück. |
| ceil | Liefert die nächsthöhere Ganzzahl zurück. |
| cos / sin | Liefert den Cosinus/Sinus zurück. |
| floor | Liefert die nächstniedrigere Ganzzahl zurück. |
| log | Liefert den natürlichen Logarithmus zurück. |
| max / min | Höchster/niedrigster Wert |
| pow | Liefert das Ergebnis aus einer Basiszahl und einem Exponenten. |
| random | Liefert eine Zufallszahl zwischen 0 und 1. |
| round | Rundet auf die nächste Ganzzahl. |
| sqrt | Quadratwurzel |

**Tabelle 6.1** Math-Methoden

Variablen müssen in JavaScript grundsätzlich nicht erst über das var-Schlüsselwort deklariert, sondern können auch gleich benutzt werden. Es handelt sich dann um globale Variable, die in allen Objekten und Funktionen benutzt werden können. Generell empfiehlt es sich, Variablen am Anfang einer Funktion oder eines Skriptes zu deklarieren, da es sonst zu Seiteneffekten beim Programmieren kommen kann. Das folgende Beispiel zeigt ein Problem mit einem Seiteneffekt:

```
var zahl1 = 1;
Zahl1 = 2;
document.writeln(zahl1);
document.writeln(Zahl1);
```

Hier wird der Variablen „Zahl1" die Zahl 2 zugewiesen. Da es sich aufgrund der Groß-/Kleinschreibung um eine andere Variable handelt als „zahl1", gibt es zwei Variablen, was möglicherweise nicht gewollt ist.

JavaScript bietet seit der Version 1.5 die Anweisung „use strict". Damit wird man beim Programmieren gezwungen, Variablen vor ihrer Verwendung zu deklarieren. Ergänzt man also das obige Beispiel wie folgt um diese Anweisung, kommt es bei der Zuweisung zur Variablen „Zahl1" zu einem Laufzeitfehler, da die Variable nicht deklariert wurde:

```
"use strict";
var zahl1 = 1;
Zahl1 = 2;          // Laufzeitfehler
```

Variablen, die ohne eine Zuweisung deklariert werden, enthalten zunächst den Wert undefined, der auch abgefragt werden kann.

Neben den arithmetischen Operatoren können alle gängigen booleschen Operatoren wie >, <, <=, >= verwendet werden. Um mehrere boolesche Ausdrücke zu verknüpfen, nutzt man wie in Java den Und-Operator && und den Oder-Operator ||.

Einen Unterschied gibt es beim Test auf Ungleichheit und Gleichheit. Um zwei Werte auf Gleichheit zu testen, kann man in JavaScript den ==- oder den ===-Operator verwenden. Beim ==-Operator wird bei ungleichem Datentyp eine Umwandlung durchgeführt, bevor die Werte verglichen werden, beim ===-Operator dagegen nicht. Entsprechendes gilt bei den Ungleich-Operatoren != und !==. Folgendes Beispiel zeigt die Wirkung der Operatoren:

```
document.writeln("1" == 1);  // true
document.writeln("1" === 1); // false
document.writeln("1" != 1);  // false
document.writeln("1" !== 1); // true
```

JavaScript arbeitet bei Zeichenketten mit der Unicode-Kodierung, bei der pro Zeichen 16 Bit zur Kodierung verwendet werden. Zeichenketten-Literale werden durch einfache oder doppelte Anführungszeichen begrenzt. Um diese Zeichen im String abzubilden, nutzt man wie in Java und C# den umgekehrten Schrägstrich (Backslash) mit doppeltem oder einfachem Anführungszeichen. Neben den Anführungszeichen gibt es weitere Escape-Sequenzen. Die wichtigsten sind in Tabelle 6.2 zu sehen.

| Escape-Sequenz | Beschreibung |
|---|---|
| \' | Einfaches Anführungszeichen |
| \" | Doppeltes Anführungszeichen |
| \r | Wagenrücklauf |
| \n | Neue Zeile |
| \\ | Backslash |

**Tabelle 6.2** Escape-Sequenzen in Zeichenketten-Literalen

Zeichenketten können über den +-Operator miteinander verkettet werden. Daneben kennen Strings weitere Funktionen, die Tabelle 6.3 entnommen werden können. Neben Funktionen zur Bearbeitung von Zeichenketten, gibt es hier auch Funktionen, die diese fett, kursiv usw. darstellen.

Der folgende Beispielcode zeigt die Verwendung einiger String-Funktionen:

```
var zeichenkette = "Hauptseite";

// fett und als Link
document.writeln(zeichenkette.bold().link("index.html"));
document.writeln(zeichenkette.charAt(2));        // u
document.writeln(zeichenkette.indexOf("seite")); // 5
document.writeln(zeichenkette.toUpperCase());    // HAUPTSEITE
```

| Methode | Beschreibung |
|---|---|
| bold | Fettschrift |
| italics | Kursivschrift |
| link | Hyperlink |
| search | Durchsuchen einer Zeichenkette mit regulärem Ausdruck. |
| replace | Durchsuchen einer Zeichenkette mit regulärem Ausdruck und Ersetzen mit neuer Zeichenkette. |
| slice / substr / substring | Teilzeichenkette extrahieren. |
| split | In Teilzeichenketten zerlegen. |
| toLowerCase / toUpperCase | In Klein-/Großbuchstaben umwandeln. |
| charAt | Zeichen einer bestimmten Position extrahieren. |
| indexOf | Position einer Zeichenkette ermitteln. |
| lastIndexOf | Letzte Position einer Zeichenkette ermitteln. |
| length | Länge der Zeichenkette |

**Tabelle 6.3** Funktionen des String-Objektes

Primitive Datentypen können auch als Objekte angelegt werden, sodass diesen neue Eigenschaften und Funktionen zugewiesen werden können. Hier verwendet man das new-Schlüsselwort zum Erzeugen einer neuen Instanz des Objektes. Der typeof-Operator gibt nun für diese Variable als Typ „object" zurück.

Wie in anderen Programmiersprachen können in JavaScript Arrays verwendet werden, um mehrere gleichartige Werte in einer einzigen Variablen zu speichern. Arrays werden über eckige Klammern initialisiert, in denen die Werte des Arrays aufgeführt werden. Das folgende Beispiel legt zunächst ein leeres Array an und weist diesem dann drei Werte zu:

```
var personen = [];
personen = ["Hans", "Martha", "Peter"];
document.writeln(personen);
```

Über einen mit 0 beginnenden Index kann auf die einzelnen Einträge zugegriffen werden. Um einen Eintrag neu einzufügen, verwendet man den nächsten Indexwert.

```
document.writeln(personen[0]);
personen[personen.length] = "Bertha";
document.writeln(personen);
```

Weitere Methoden zum Verwalten von Arrays können der Tabelle 6.4 entnommen werden.

| Methode | Beschreibung |
|---|---|
| push | Neues Element am Ende des Array hinzufügen. |
| pop | Letztes Element entnehmen und aus dem Array löschen. |
| shift | Erstes Element entnehmen und löschen. |
| unshift | Fügt vorne ein Element ein. |
| splice | Fügt an einer angegebenen Position neue Einträge ein. |
| sort | Array sortieren. |
| reverse | Reihenfolge der Arrayelemente umkehren. |
| concat | Mehrere Arrays zu einem neuen verknüpfen. |
| slice | Elemente aus dem Array zu einem neuen Array extrahieren. |
| join | Arrayelemente zu einer einzelnen Zeichenkette umwandeln. |

**Tabelle 6.4** Funktionen des Array-Objektes

Um Objekte in JavaScript anzulegen, verwendet man die öffnenden und schließenden geschweiften Klammern. Die einzelnen Eigenschaften des Objektes werden durch Schlüssel-Wert-Paare wie folgt angegeben:

```
var person = {};        // leeres Objekt
person = { Nachname: "Muster", Vorname: "Hans", Alter: 32 };
document.writeln(person.Nachname);
```

Um die einzelnen Eigenschaften eines Objektes anzusprechen, wird wie in Java oder Visual Basic die Punkt-Notation verwendet. Neben Eigenschaften können auch Funktionen genutzt werden, um dem Objekt Methoden zuzuweisen. Das folgende Beispiel erstellt eine Methode toString, sodass das Objekt als Zeichenkette ausgegeben werden kann:

```
person = {
    Nachname: "Muster", Vorname: "Hans", Alter: 32,
    toString: function ()
              { return this.Vorname + " " + this.Nachname }
};
document.writeln(person);
```

Um auf die Werte des Objektes zuzugreifen, verwendet man den this-Zeiger, der auf die aktuelle Instanz des Objektes verweist.

Neben der Punktnotation kann auf Eigenschaften und Methoden über eckige Klammern auf die Elemente zugegriffen werden. Die Eigenschaft wird dabei als Zeichenkette angegeben, sodass der Zugriff auf die Elemente dynamisch ist.

```
var nachname = "Nachname";
document.writeln(person[nachname]);
```

Eigenschaften eines Objektes können über den delete-Operator wieder gelöscht werden.

```
delete person.Nachname;
```

## Kontrollstrukturen

Nachdem die Grundlagen in JavaScript zu primitiven Datentypen und Objekten bekannt sind, werden im Folgenden kurz die Kontrollstrukturen der Programmiersprache vorgestellt. Durch Kontrollstrukturen ist es möglich, den Ablauf der Anweisungen zu beeinflussen.

Bedingungen werden in JavaScript über die Schlüsselwörter if...then...else abgebildet. Das folgende Beispiel prüft, ob das Alter einer Person größer 18 ist und gibt in dem Fall „Erwachsener" aus:

```
if (person.Alter >= 18) {
    document.write("Erwachsener: ");
    document.writeln(person);
}
else
    document.writeln("Noch keine 18!");
```

Die if-Bedingung enthält mehr als eine Anweisung und muss daher in einem Anweisungsblock erscheinen. Ein Anweisungsblock besteht aus einer öffnenden und schließenden geschweiften Klammer, in der mehrere Anweisungen stehen.

Sind mehrere Werte in einer Bedingung abzufragen, kann auch die kompaktere switch-Variante benutzt werden. Der folgende Quellcode zeigt ein einfaches Beispiel für eine switch-Anweisung:

```
switch(person.Alter)
{
  case 18:
    document.writeln("Herzlichen Glückwunsch zum Erwachsensein");
    break;
  case 0:
    document.writeln("Herzlichen Glückwunsch zur Geburt");
    break;
  default:
    document.writeln("Sie sind " + person.Alter + " Jahre alt!");
```

```
}
```

Beachten Sie, dass jede case-Anweisung durch ein break beendet werden muss, sofern der nächste case-Block nicht auch ausgeführt werden soll.

JavaScript kennt drei Schleifenvarianten: die kopfgesteuerten while- und for-Anweisungen sowie die fußgesteuerte do...while-Anweisung. Die while-Schleife wird so oft ausgeführt, bis die Bedingung hinter der while-Anweisung nicht mehr zutrifft und false zurückliefert.

```
var n = 10;
while(n > 0)
{
    document.writeln(n);
    n--;
}
```

Bei der fußgesteuerten Schleife erfolgt die Prüfung der Bedingung immer nach dem Durchlaufen des Anweisungsblocks, sodass dieser mindestens einmal absolviert wird.

```
var n = 10;
do {
    document.writeln(n);
    n--;
} while (n > 0);
```

Die for-Schleife schließlich kennt drei Parameter. Im ersten Parameter werden Variablen initialisiert oder auch deklariert, im zweiten Parameter erfolgt die Abbruchbedingung und der dritte Parameter enthält Anweisungen nach Durchlaufen des Anweisungsblocks, um z.B. den Schleifenzähler zu ändern.

```
for (var n = 10; n > 0; n--) {
    document.writeln(n);
}
```

Da die for-Schleife kompakter als die while-Schleife ist, wird sie in der Programmierung öfter eingesetzt.

Neben der gerade beschriebenen for-Schleife gibt es eine for...in-Schleife, die zum Durchlaufen der Eigenschaften von Objekten dient. Das folgende Beispiel gibt alle Eigenschaften des person-Objektes aus:

```
for (var eigenschaft in person) {
    document.write(eigenschaft + ": ");
    document.writeln(person[eigenschaft]);
}
```

### Ausnahmen

Zum Abfangen von Fehlern hat JavaScript das Konzept der Ausnahmebehandlung von anderen Programmiersprachen übernommen. Dazu wird ein Anweisungsblock, innerhalb dessen ein Fehler abgefangen werden soll, von der try-Anweisung umgeben. Auf diesen Block folgt die catch-Anweisung mit einem Anweisungsblock, der ausgeführt wird, wenn ein Fehler auftritt. Der finally-Anweisungsblock schließlich wird immer ausgeführt, egal ob ein Fehler auftritt oder nicht, um ggf. noch bestehende Datenbankverbindungen o.ä. zu löschen.

```
try {
  document.writeln(nichtDeklarierteVariable);
}
catch(err) {
  document.writeln(err.message);
}
finally {
  document.writeln("Diese Anweisungen werden immer aufgerufen");
}
```

Die catch-Anweisung erhält zusätzlich einen Parameter mit weiteren Informationen zur Ausnahme. Eigene Ausnahmen erzeugt man mit der throw-Anweisung. Dieser Anweisung kann man als Parameter beliebige Datentypen übergeben, z.B. eine Zeichenkette mit der Fehlermeldung. Man sollte aber besser eine Instanz des Error-Objektes erzeugen, damit die Fehlerbehandlung im catch-Block gleich ist.

### Funktionen

Funktionen sind Anweisungsblöcke, die eine bestimmte Aufgabe bearbeiten. Ihnen können Variablen in Form von Parametern übergeben werden. Funktionen werden über das Schlüsselwort function angelegt. In der einfachsten Form folgen nach dem Schlüsselwort der Bezeichner für die Funktion und in runden Klammern ggf. Parameter, die übergeben werden. Soll die Funktion einen Wert zurückliefern, verwendet man die return-Anweisung. Über den Bezeichner wird dann die Funktion aufgerufen.

Die folgende JavaScript-Funktion addiert zwei Zahlen. Danach erfolgt ein Aufruf der Funktion mit den beiden Übergabeparametern 1 und 2, die addiert werden.

```
function addiere(z1, z2) {
    return z1 + z2;
}

var ergebnis = addiere(1, 2);
document.writeln(ergebnis);
```

Einer Funktion, die z.B. laut Deklaration nur zwei Parameter erwartet, können auch mehr übergeben werden. Um auf weitere Parameter zuzugreifen, verwendet man das arguments-Objekt in der Funktion wie folgt:

```
function addiere() {
    var ergebnis = 0;
    for (var i = 0; i < arguments.length; i++) {
```

```
        ergebnis += arguments[i];
    }
    return ergebnis;
}

document.writeln(addiere(1, 2, 3));
```

Funktionen können auch anonym deklariert und direkt einer Variablen zugewiesen werden. Das ist z.B. dann sinnvoll, wenn eine Funktion eine andere Funktion als Übergabeparameter erwartet. Der folgende JavaScript-Code zeigt das obige Beispiel als anonyme Funktion:

```
var addiere = function() {
    var ergebnis = 0;
...
```

Eine Funktion kann so deklariert werden, dass sie automatisch aufgerufen wird. Dazu umgibt man die Funktion mit runden Klammern. Dahinter erfolgt die Auflistung der Übergabeparameter wie beim Funktionsaufruf üblich. Das folgende Beispiel gibt die Addition zweier Zahlen aus, indem sie direkt nach der Deklaration aufgerufen wird:

```
(function addiere(z1, z2) {
    document.writeln(z1 + z2);
})(1, 2);
```

Variablen, die außerhalb von Funktionen deklariert werden, sind global und in allen Funktionen verwendbar. Variablen, die dagegen in Funktionen deklariert werden, sind nur innerhalb dieser und weiterer eingebetteter Funktionen sichtbar. Folgender JavaScript-Code soll das verdeutlichen:

```
var z1 = "1. Variable";         // Ausgabe
var z2 = "2. Variable";

document.writeln(z1);           // 1. Variable
```

```
(function showVar1() {
    var z1 = "1. neue Variable";
    var z3 = "3. Variable";

    document.writeln(z1);      // 1. neue Variable
    document.writeln(z2);      // 2. Variable

    (function showVar2() {
        document.writeln(z1); // 1. neue Variable
        document.writeln(z2); // 2. Variable
        document.writeln(z3); // 3. Variable
    })();
})();

document.writeln(z3);          // undefined
```

Zunächst werden die Variablen z1 und z2 global deklariert und damit beim Aufruf im Browser dem window-Objekt zugeordnet. Danach wird die Funktion showVar1 aufgerufen. Diese besitzt auch eine Variable z1. Diese ist allerdings lokal nur in dieser Funktion sichtbar, sodass sie die globale z1-Variable überdeckt. Zusätzlich wird eine weitere lokale Variable z3 deklariert, die innerhalb der Funktion showVar1, aber auch in allen eingebetteten Funktionen sichtbar ist. Wird der Sichtbarkeitsbereich der Funktionen, auch Scope genannt, wieder verlassen, ist die Variable z3 nicht mehr gültig und die Ausgabe der Variablen führt zu einem Laufzeitfehler.

## Objektorientierung

Anders als in Programmiersprachen wie z.B. Java oder C# sind Funktionen gleichzeitig Objekte, die selbst weitere Eigenschaften und Methoden enthalten können. So gibt z.B. die Methode toString den Quellcode der Funktion zurück. Man kann Funktionen auch eigene Methoden hinzufügen, wie das folgende Beispiel zeigt:

```
...
addiere.toUpper = function () {
    return this.toString().toUpperCase();
};
document.writeln(addiere.toUpper());
```

Führt man den JavaScript-Code aus, wird der Quellcode der Methode großgeschrieben ausgegeben. Über den this-Zeiger kann dabei auf das Objekt zugegriffen werden, zu dem der JavaScript-Code gehört, in diesem Fall das Objekt addiere.

Werden Funktionen keinem Objekt zugeordnet, handelt es sich um globale Funktionen, genau wie Variablen, die global deklariert werden. In einem Browserfenster ist das oberste Objekt das window-Objekt, das in diesem Fall als globales Objekt fungiert. Um also globale Funktionen aufzurufen oder auf globale Variablen zuzugreifen, kann das window-Objekt vorangestellt werden, z.B. window.addiere.

Die gerade kennengelernten Konzepte werden verwendet, um Objekte zu erstellen und zu instanziieren. Es existiert im ECMAScript-Standard zurzeit keine explizite Syntax für Klassen und Vererbung. Allerdings wurden bereits Schlüsselwörter hierfür wie class, extends und super im Sprachumfang reserviert, sodass in zukünftigen Versionen objektorientierte Konzepte wie in Java oder C# zu erwarten sind.

Wie man Objekte über Literale erzeugt, wurde bereits am Anfang des Kapitels gezeigt. Weitere objektorientierte Konzepte sollen am Beispiel des Personen-Objektes erläutert werden.

```
var person = {
    Nachname: "Muster",
    Vorname: "Hans",
    Alter: 34,
    toString: function() {
        return Nachname + ", " + Vorname;
    }
}
```

Da man einem bereits angelegten Objekt nachträglich Eigenschaften und Methoden hinzufügen kann, ist es auch möglich, mit dem Schlüsselwort new ein leeres Objekt anzulegen.

```
var person = new Object();
person.Nachname = "Muster";
person.Vorname  = "Hans";
person.Alter    = 34;
person.toString = function() {
    return Nachname + ", " + Vorname;
}
```

**Konstruktor**

Konstruktoren wie in Java oder C#, die beim Instanziieren des Objektes aufgerufen werden, erstellt man in JavaScript als normale Funktion, die allerdings über den this-Zeiger dem Objekt gleich Eigenschaften und Methoden zuweist. Das folgende Beispiel zeigt einen Konstruktor, um ein Person-Objekt anzulegen:

```
function person(nachname, vorname, alter) {
    this.Nachname = nachname;
    this.Vorname = nachname;
    this.Alter = alter;
    this.toString = function () {
        return this.Nachname + ", " + this.Vorname;
    }
}
```

Beachten Sie, dass in der Methode toString nun auch über den this-Zeiger auf die Eigenschaften des Objektes zugegriffen werden muss. Ohne den this-Zeiger entspricht das einem Zugriff auf eine globale Variable, die in diesem Fall aber nicht existiert.

Neben vordefinierten Konstruktoren für Number, Object, String, Boolean und Function kennt JavaScript weitere für Array, Date und RegExp (reguläre Ausdrücke). Sofern nicht notwendig, sollte man das Anlegen von Objekten allerdings über Literale durchführen.

Wie in anderen Programmiersprachen werden Objekte nicht als Wert, sondern als Referenz übergeben oder in einer Variablen gespeichert. Weist man also ein neu angelegtes Objekt einer anderen Variablen zu, verweisen beide Variablen auf das gleiche Objekt und können dieses auch ändern.

Um Eigenschaften und Methoden eines Objektes nachträglich zu löschen, verwendet man den delete-Operator.

## Vererbung

Um Methoden und Eigenschaften an Objekte weiterzuvererben, wird in JavaScript die Prototypvererbung eingesetzt. Jedes Objekt, das in JavaScript angelegt wird, enthält in der Eigenschaft prototype ein Objekt mit Methoden und Eigenschaften, die weitervererbt werden. Legt man ein Objekt über Literale oder das generische object-Objekt an, erben diese von dem Prototypen von object. Das object-Objekt enthält u.a. Methoden wie toString, valueOf oder hasOwnProperty, um zu überprüfen, ob eine Eigenschaft vererbt ist. Im obigen Beispiel wurde also die Methode toString im person-Objekt überschrieben.

Für das person-Objekt wird eine Eigenschaft prototype angelegt, da es hierfür einen Konstruktor gibt und damit das Objekt instanziierbar ist. So wie bisher beschrieben, erbt ein neu angelegtes Objekt aber nur von object, da man über das new-Schlüsselwort nicht explizit angeben kann, von welchem Objekt geerbt werden soll.

Um auch von einem anderen als dem object-Objekt zu erben, muss der Prototyp des abgeleiteten Objektes auf das Basisobjekt gesetzt werden. Das folgende Beispiel erzeugt einen Konstruktor für ein Objekt angestellter und weist dessen prototype-Eigenschaft den Prototypen des person-Objektes zu:

```
function angestellter(nachname, vorname, alter, gehalt) {
    this.constructor(nachname, vorname, alter);
    this.Gehalt = gehalt;
}

angestellter.prototype = new person();
```

Innerhalb des Konstruktors des Objektes angestellter kann auf den Konstruktor des Basisobjektes person zugegriffen werden. Zusätzlich wird im Konstruktor eine neue Eigenschaft Gehalt gesetzt. Eine weitere Eigenschaft Eintrittsdatum für das abgeleitete Objekt legt man über die prototype-Eigenschaft wie folgt an:

```
angestellter.prototype.Eintrittsdatum = new Date();

var a = new angestellter("Muster", "Hans", 34, 50000);
document.writeln(a);
```

## JSON

JSON steht für „JavaScript Object Notation" und dient u.a. als Austauschformat zwischen Anwendungen. JSON entspricht der Syntax zum Anlegen von Objekten in JavaScript, sodass jedes JSON-Dokument automatisch in JavaScript-Objekte umgewandelt werden kann. Da es im Gegensatz zu XML ein eher kompaktes Format ist, setzt es sich beim Datenaustausch zwischen Anwendungen allgemein durch.

Um JavaScript-Objekte in eine Zeichenkette im JSON-Format umzuwandeln, verwendet man die Methode stringify des globalen Objektes JSON. Um aus einer Zeichenkette im JSON-Format JavaScript-Objekte zu erstellen, nutzt man die Methode JSON.parse.

```
var p = new person("Muster", "Hans", 34);
document.writeln(p);            // Muster, Hans
```

```
var json = JSON.stringify(p);
document.writeln(json);
p = JSON.parse(json);

document.writeln(p);              // ==> [object Object]
document.writeln(p.Nachname);     // Muster
```

Da die Methode stringify nur Eigenschaften, aber keine Funktionen serialisiert, existiert nach dem Umwandeln der JSON-Zeichenkette in das Objekt person natürlich keine überschriebene Methode toString mehr, sodass Object.toString aufgerufen wird, das den Objektnamen zurückliefert.

### Document Object Model (DOM)

Das Document Object Model (DOM) ist eine vom W3C standardisierte Schnittstelle, um auf beliebige Dokumente (Core DOM), insbesondere aber HTML- und auch XML-Dokumente zuzugreifen. In diesem Kapitel wird das HTML DOM zum Zugriff auf HTML-Elemente erläutert. Das HTML DOM besteht aus hierarchisch geordneten Objekten und deren Methoden und Eigenschaften. Über diese Methoden und Eigenschaften können HTML-Dokumente clientseitig verändert werden.

Die Objekte des HTML DOM sind hierarchisch geordnet mit dem window-Objekt ganz oben. Das window-Objekt enthält ein document-Objekt, das schließlich die eigentlichen HTML-Elemente beinhaltet (Abb. 6.3). Dadurch entsteht eine Baumstruktur, dessen Knoten die einzelnen HTML-Elemente aufweisen. Neben den Methoden und Eigenschaften werden vom DOM auch Ereignisse definiert. Dabei handelt es sich um Methoden, die aufgerufen werden, sobald ein bestimmtes Ereignis auftritt, z.B. das Klicken mit der Maus auf ein HTML-Element.

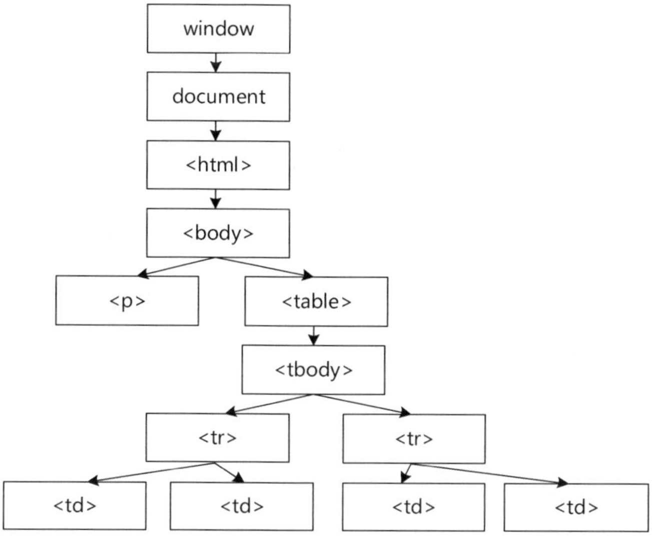


**Abbildung 6.3** Beispiel für einen DOM-Hierarchiebaum

Das window-Objekt kennt Methoden zur Beeinflussung des Browserfensters und für allgemeine Dialoge. Daneben existieren die zwei Methoden setInterval und setTimeout, um einen Timer zu setzen. Das folgende Beispiel startet einen Timer, um alle 5 Sekunden die Uhrzeit in einem Dialog anzuzeigen:

```
function showTime() {
    alert(new Date().toLocaleTimeString());
};
setInterval(showTime, 1000 * 5);
```

Weitere wichtige Methoden des window-Objektes sind in Tabelle 6.5 aufgeführt.

| Methode | Beschreibung |
|---|---|
| alert | Zeigt eine Alarm-Dialogbox an. |
| clearInterval | Timer löschen. |
| setInterval | Timer setzen. |
| close | Schließt das Fenster. |
| open | Neues Fenster öffnen. |
| confirm | Zeigt eine Dialogbox mit OK- und Abbruch-Button. |
| moveBy, moveTo, resizeBy, resizeTo | Fenstergröße, -position ändern. |
| prompt | Fordert den Anwender zur Eingabe auf. |

**Tabelle 6.5** Methoden des window-Objektes

### document-Objekt

Außerdem enthält das window-Objekt das document-Objekt, mit dem das eigentliche HTML-Dokument bearbeitet werden kann. Neben allgemeinen Eigenschaften wie Position, Breite und Höhe kann über die Eigenschaft location ein neuer Hyperlink gesetzt werden. Das history-Objekt besitzt die Methoden back, forward und go, um in der Historie zu navigieren. Folgendes Beispiel verlässt das aktuelle HTML-Dokument und lädt die Homepage vom W3C:

```
location.href = "http://w3c.org";
```

Die beiden Methoden write und writeln des document-Objektes wurden bereits erläutert. Sie werden normalerweise selten eingesetzt. Stattdessen wählt man eher Knoten innerhalb des DOM-Baumes aus und setzt die entsprechenden Eigenschaften. Um ein oder mehrere HTML-Elemente zu selektieren, existieren die vier Methoden getElementById, getElementsByName, getElementsByClassName und getElementsByTagName. Um ein ganz bestimmtes Element zu selektieren, verwendet man die erste Methode, indem man für das HTML-Element das id-Attribut setzt. Der folgende Quellcode aus HTML und JavaScript zeigt das Selektieren eines HTML-Elementes und das Verändern:

```
<h1 id="firstHead">Überschrift</h1>
<script>
    var head = document.getElementById("firstHead");
    head.innerText = "Geänderte Überschrift";
    firstHead.innerText = "Nochmal geänderte Überschrift";
</script>
```

getElementById wird die Id als Zeichenkette übergeben. Zurückgeliefert wird ein Objekt vom Type Element, das u.a. Eigenschaften wie innerText oder innerHTML enthält, um nur den Text oder die Markups zu ändern. Alternativ kann auch direkt über die id-Bezeichnung das Element selektiert werden.

Über getElementsByClassName werden alle Elemente zurückgeliefert, bei denen das HTML-Attribut class einen bestimmten Wert enthält. Im Gegensatz zu getElementById können das auch mehrere Elemente sein. Diese werden in einem Objekt des Typs HTMLCollection zurückgegeben, um die Elemente zu durchlaufen. Ähnlich funktionieren die beiden anderen Methoden zum Auswählen nach dem name-Attribut oder der Tag-Bezeichnung. Das folgende Beispiel selektiert alle <h1>-Elemente und gibt für jedes Element den Inhalt der Überschrift (innerText) inklusive zusätzlicher HTML-Tags (innerHTML) aus:

```
<h1>Überschrift 1</h1>
<h1><em>Überschrift 3</em></h1>

<script>
    var elements = document.getElementsByTagName("h1");
    for (var i = 0; i < elements.length; i++) {
        document.writeln(elements[i].innerText + "<br/>");
```

```
        document.writeln(elements[i].innerHTML + "<br/>");
    }
</script>
```

Um HTML-Elemente zu ändern, setzt man die entsprechenden Eigenschaften bzw. den Inhalt auf andere Werte. Eigenschaften wie innerHTML, outerHTML sowie innerText können auf einen anderen Inhalt und Eigenschaften wie style auf einen anderen CSS-Stil gesetzt werden. Das folgende Beispiel ändert für das Element mit der id firstHead die Schrift- und Hintergrundfarbe:

```
<h1 id="firstHead">Überschrift 1</h1>

<script>
    firstHead.setAttribute("style", "background:blue");
    firstHead.style.color = "yellow";
</script>
```

Zur Änderung von HTML-Attributen verwendet man entweder die generische setAttribute-Methode oder spezielle Objekte, die das Attribut abbilden, wie z.B. style.color.

Um Elemente einzufügen oder zu löschen, bietet das document-Objekt die vier Methoden createElement, appendChild, replaceChild und removeChild an. Das folgende Beispiel erzeugt zunächst ein neues <em>-Element und setzt hierfür einen Text. Dann wird dieses Element an das firstHead-Element angehängt.

```
<h1 id="firstHead">Überschrift 1</h1>

<script>
    var element = document.createElement("em");
    element.innerText = " mit hervorgehobenem Text"
    firstHead.appendChild(element);
</script>
```

Bisher wurden Methoden und Eigenschaften der DOM-Objekte behandelt, ohne auf Ereignisse des Benutzers zu reagieren. Ereignisse sind, wie in JavaScript üblich, erst einmal nur Eigenschaften, die eine Funktion enthalten. Das HTML DOM bietet daher zahlreiche Eigenschaften für Ereignisse an, auf die man im JavaScript-Code reagieren kann. Um das Zuweisen zu vereinfachen, kennt HTML diese Ereignisse als HTML-Attribute, sodass direkt im HTML-Element der JavaScript-Code für ein Ereignis gesetzt werden kann. Das folgende Beispiel zeigt eine Alarmbox mit einem Text an, sobald der Anwender auf die Überschrift klickt:

```
<h1 onclick="alert('Hallo Welt!');">Überschrift 1</h1>
```

Das Zuweisen von JavaScript über ein HTML-Attribut überschreibt allerdings den bisherigen Quellcode, der diesem Ereignis zugrunde liegt. Um das zu verhindern, kann alternativ die Methode addEventListener verwendet werden. Das folgende Beispiel ruft bei einem Klick auf die Überschrift zwei verschiedene Funktionen auf:

```
<h1 id="firstHead">Überschrift 1</h1>
<script>
    firstHead.addEventListener("click",
        function () {
            alert("Hallo Welt!");
        });
    firstHead.addEventListener("click",
    function () {
        alert("...und noch einmal!");
    });
</script>
```

Um JavaScript- und HTML-Code stärker voneinander zu trennen, wird das zweite Vorgehen heutzutage vorrangig verwendet. Dadurch ist es möglich, den JavaScript-Code komplett in eine eigene JavaScript-Datei auszulagern und dort die Ereignis-Funktionen zu setzen. Das Überschreiben der Ereignisfunktion ist natürlich auch in JavaScript möglich, indem die entsprechenden on...-Ereignisse direkt eine Funktion zugewiesen bekommen.

```
<h1 id="firstHead">Überschrift 1</h1>
<script>
    firstHead.onclick = function () {
        alert("Hallo Welt!");
    };
```

Diese Art der Ereigniszuweisung ist ein Teil des Prinzips des unobtrusive (unauffälligen) JavaScript, das eine klare Trennung zwischen Verhalten (JavaScript) und Präsentation (HTML/CSS) fordert.

### Praxis: Einfaches Spiel in JavaScript

Zum Schluss soll ein einfaches Spiel in JavaScript erstellt werden. Ziel des Spieles ist es, im Browserfenster kleine Monster mit der Maus anzuklicken. Sobald 10 Monster getroffen sind, wird das Spiel beendet.

**Abbildung 6.4** Einfaches JavaScript-Spiel

Dabei sollen HTML-, CSS- und JavaScript-Code weitgehend voneinander getrennt sein. Das HTML-Dokument soll daher aus einer Tabelle mit 25 Zellen bestehen, wobei zufallsgesteuert das Monster in einer der Zellen erscheint. Der HTML-Code enthält nur die Struktur der Tabelle, eine Hauptüberschrift und eine zweite Überschrift mit einer Information, wie viele Monster getroffen wurden.

```
...
<body>
    <h1>Hit the monsters!</h1>
    <h2 id="info"></h2>
    <table>
        <tr>
            <td></td>
...
        </tr>
        <tr>
...
            <td></td>
        </tr>
    </table>
</body>
</html>
```

Bei der zweiten Überschrift wird das id-Attribut des <h2>-Elementes gesetzt, um diese dynamisch anzupassen.

Im CSS-Code wird die Breite und Höhe der Zellen auf 95 Pixel festgelegt, was der Größe des Monsterbildes entspricht. Zusätzlich wird die Hintergrundfarbe der Tabelle auf hellgrau gesetzt, um den Spielbereich besser zu erkennen.

```
td {
    width: 95px;
    height: 95px;
}
table {
```

```
    background-color: lightgray;
}
```

Alle CSS- und JavaScript-Dateien sollten im Projekt in einem eigenen Ordner angelegt werden (z.B. css bzw. js). Die HTML-Dateien bleiben bei diesem kleinen Projekt im Wurzelordner. Entsprechend werden die Dateien wie folgt in die HTML-Datei eingebunden:

```
<!DOCTYPE html>

<html>
<head>
    <meta charset="utf-8" />
    <title>Monster Game</title>
    <link rel="stylesheet" href="css/base.css"/>
    <script src="js/game.js" defer="defer"></script>
</head>
...
```

In der JavaScript-Datei wird zunächst eine selbstausführende Funktion angelegt, in die der gesamte JavaScript-Code eingebettet wird. Dadurch werden alle Variablen und Funktionen des Spiels nicht dem globalen window-Objekt, sondern dem game-Objekt zugordnet.

```
"use strict";
var game = function () {
    var hits;
    var currentCell;
    var cells = document.getElementsByTagName("td");
    var img = createImage();
    var timer
...
}();
```

Als nächstes werden fünf lokale Variablen im game-Objekt angelegt. Die Variable hits enthält die Anzahl der Treffer. In currentCell wird die aktuelle

Zelle als Index zwischen 0 und 24 gespeichert, in der das Monster gerade erscheint. In der Variable cells werden die Elemente aller 25 Zellen in einem Array abgelegt. Die Variable img enthält das Element mit dem Verweis auf das Bild, das zufallsbestimmt einer Zelle zugewiesen wird. timer schließlich verweist auf den angelegten Timeraufruf, der alle 800 Millisekunden erfolgt.

Als erstes ruft das game-Objekt die Methode start auf. Diese startet den Timer über die Methode window.setInterval und merkt sich den Timer in der Variablen timer. Dadurch wird alle 800 Millisekunden die Methode update aufgerufen. Darauf werden die beiden Variablen hits und der Text des <h2>-Elementes zurückgesetzt.

```
...
    start();

    function start() {

        timer = setInterval(update, 800);
        hits = 0;
        info.innerText = "";
    }
```

update überprüft zunächst über die Methode removeImage, ob gerade ein Monsterbild angezeigt wird und entfernt dieses ggf. aus der Zelle. Darauf wird ein Zufallswert zwischen 0 und 24 erzeugt und in der Variablen currentCell gespeichert. Schließlich wird das <img>-Element, das über JavaScript in der Methode createImage erzeugt wurde, in die Zelle über appendChild eingebettet.

```
    function update() {

        removeImage();

        currentCell = Math.floor(Math.random() * cells.length);
        cells[currentCell].appendChild(img);
    }
```

In der Methode removeImage wird überprüft, ob in currentCell ein Zellenindex angegeben ist, in dessen Zelle gerade ein Monsterbild erscheint. Ist das der Fall, werden alle <img>-Elemente selektiert und das erste gewählt. Da immer nur ein Bild auf dem HTML-Dokument existiert, kann auch immer nur ein Bild zurückgeliefert werden, sofern currentCell gesetzt ist. Danach wird das Bild über removeChild entfernt. Schließlich wird der Zellenindex auf undefined gesetzt, da aktuell keine Zelle mehr in der Tabelle ein Monsterbild enthält.

```
function removeImage() {

    // Bild entfernen
    if (currentCell != undefined) {

        var img = document.getElementsByTagName("img")[0];
        cells[currentCell].removeChild(img);
    }
    currentCell = undefined;
}
```

Über createImage wird das <img>-Element angelegt, das über die Methode update jeweils unterschiedlichen Zellen zugewiesen wird. In der Methode wird über document.createElement als Erstes das Element angelegt. Danach wird die Eigenschaft src auf die URL des Bildes und der Ereignishandler onclick auf die Methode hitMonster gesetzt. Schließlich wird das <img>-Element zurückgeliefert.

```
function createImage() {

    var img = document.createElement("img");
    img.src = "img/monster.png";
    img.onclick = hitMonster;

    return img;
}
```

Durch Anklicken des Bildes, wird die Methode hitMonster aufgerufen, die den hits-Zähler hochaddiert. Darauf wird das Bild über die bereits bekannte Methode removeImage entfernt und der Infotext gesetzt, um den Anwender über die Anzahl getroffener Monster zu informieren. Am Schluss wird die Methode stop aufgerufen, die überprüft, ob bereits 10 Treffer erzielt wurden.

```
function hitMonster() {

    hits++;
    removeImage();

    info.innerText = hits + " monsters hit!";

    stop();
}
```

Wurden 10 Treffer erzielt, löscht die Methode stop den Timer über die Methode clearInterval. Über window.confirm wird der Anwender gefragt, ob er noch einmal spielen möchte. Ist das nicht gewünscht, wird das Browserfenster über window.close geschlossen, ansonsten das Spiel über die bereits erläuterte Methode start erneut ausgeführt.

```
function stop() {

    if (hits == 10) {
        clearInterval(timer);
        if (!confirm("You hit all monsters!\n" +
                     "Play again?") === true)
            window.close();
        else
            start();
    }
}
```

## Zusammenfassung

JavaScript ist die hauptsächlich eingesetzte Skriptsprache in allen bekannten Browsern. Damit JavaScript übergreifend in allen Browsern funktioniert, wird der Sprachkern als ECMAScript von der Ecma International standardisiert. Der Zugriff auf die einzelnen HTML-Elemente wird dagegen vom W3C unter der Bezeichnung Document Object Model (DOM) standardisiert.

Nach diesen Erläuterungen wurde auf Datentypen in JavaScript eingegangen und auf Variablen, die in JavaScript immer typlos sind. Einer bereits deklarierten und zugewiesenen Variablen können nachträglich Werte eines anderen Datentyps zugewiesen werden. Darauf wurde auf Kontrollstrukturen eingegangen, die weitgehend denen in Java, C# oder auch Visual Basic ähneln. Die Ausnahmebehandlung orientiert sich auch stark an diesen Programmiersprachen. Der catch-Block kann allerdings jeden beliebigen Datentyp als Übergabeparameter erhalten. Generell sollte man aber das Error-Objekt hierfür verwenden.

Funktionen sind in JavaScript eines der Kernkonzepte, da JavaScript hierüber auch objektorientiert programmiert werden kann. Funktionen können mit Namen, anonym und selbstaufrufend deklariert werden. Um einen Konstruktor zum Anlegen eigener Objekte zu erzeugen, verwendet man in einer Funktion den this-Zeiger. Dadurch wird die Funktion zum Konstruktor und kann beliebig Objekte instanziieren. Vererbung erfolgt in JavaScript über die Prototype-Eigenschaft. Hier finden sich alle Eigenschaften, die an andere Objekte weitervererbt werden. Nach den objektorientierten Konzepten wurde kurz auf die JavaScript Object Notation (JSON) als wichtiges Austauschformat im World Wide Web eingegangen.

Nach den Grundlagen der Sprache wurde schließlich das HTML DOM erläutert und ein einfaches Praxisbeispiel programmiert.

Nachdem in diesem Kapitel die wichtigste clientseitige Programmiersprache beschrieben wurde, beschäftigt sich das nächste Kapitel mit den serverseitigen Programmierkonzepten von ASP.NET MVC5.

# 7 ASP.NET MVC5

## Worum geht es in diesem Kapitel?

- Was ist ASP.NET?
- Welche Komponenten enthält ASP.NET?
- Was versteht man unter dem Entwurfsmuster Model-View-Controller?
- Wie kann man serverseitig Datenbankzugriffe umsetzen?

## Allgemein

Um Webanwendungen zu entwickeln, reicht eine clientseitige Programmiersprache wie JavaScript normalerweise nicht aus. In Kapitel 2 wurde bereits das Konzept serverseitiger Programmiersprachen erläutert, bei denen der HTML-Code um Programmiercode angereichert wird, um das HTML-Dokument dynamisch zu erzeugen. Der häufigste Fall ist dabei sicherlich das Auslesen und Bearbeiten von Daten aus einer Datenbank, die dann im HTML-Dokument angezeigt werden.

Die bekanntesten serverseitigen Skript- und Programmiersprachen sind PHP, Pearl, Python, Ruby, Tcl, JSP mit Java und ASP.NET mit den Sprachen Razor in Verbindung mit C# und Visual Basic. Ist also die Programmierwelt auf Browserseite noch überschaubar und vor allem standardisiert, sind auf Serverseite viele verschiedene proprietäre Technologien vorhanden, die sich allerdings in den Konzepten ähneln.

In diesem Kapitel sollen die Grundlagen von ASP.NET erläutert werden. ASP.NET ist ein Framework zur Entwicklung von Webanwendungen mit HTML, CSS, JavaScript und Komponenten zur serverseitigen Programmierung. Abbildung 7.1 gibt einen Überblick über die Architektur von ASP.NET.

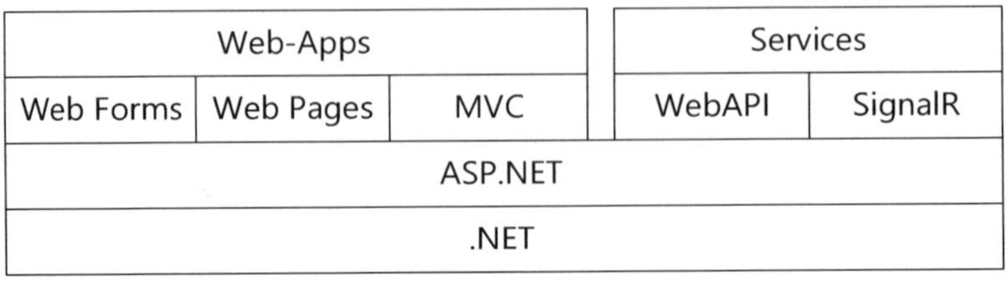


**Abbildung 7.1** ASP.NET Architektur

Zur Erstellung von Webanwendungen gibt es in ASP.NET drei unterschiedliche Programmiermodelle. Web Forms ist vergleichbar mit der grafisch orientierten Desktopentwicklung. Die einzelnen HTML-Dokumente werden mit einem grafischen Designer erstellt. Neben den HTML-Elementen gibt es serverseitige Eingabeelemente, die von ASP.NET in standardisiertes HTML, CSS und JavaScript umgewandelt werden. Die HTML-Dokumente werden daher auch in Dateien mit der Dateiendung „.aspx" gespeichert. Der folgende Quellcode verdeutlicht die Funktionsweise von Web Forms:

```
<%@ Page Language="vb" %>

<!DOCTYPE html>

<html xmlns="http://www.w3.org/1999/xhtml">
<head runat="server">
  <meta charset=utf-8" />
  <title></title>
  <script runat="server">
      Private Sub Button_Click(ByVal sender As System.Object, _
                               ByVal e As System.EventArgs) _
                               Handles showTime.Click
          Response.Write(DateTime.Now)
      End Sub
  </script>
</head>
<body>
  <% Response.Write(System.Environment.CurrentDirectory) %>
  <form runat="server">
```

```
        <asp:Calendar ID="calendar" runat="server"></asp:Calendar>
        <asp:Button ID="showTime" runat="server"
         Text="Klick mich!" OnClick="Button_Click" />
    </form>
</body>
</html>
```

Zwischen den öffnenden und schließenden Tags „<%“ bzw. „%>“ stehen Direktiven und Programmiercode, in diesem Beispiel Visual-Basic-Code. Die erste Direktive legt fest, in welcher Programmiersprache der im HTML-Code vorhandene Programmiercode geschrieben ist. HTML-Elemente, die das runat-Attribut auf „server“ gesetzt haben, werden auf dem Server durch das ASP.NET Framework ausgeführt. Wird also der Button auf Clientseite angeklickt, geht eine neue HTTP-Anfrage an den Webserver, der das Datum ermittelt und über die Methode Response.Write ausgibt. Serverseitige Controls beginnen mit dem Markup <asp:...> gefolgt von der Klasse, die das Servercontrol implementiert und in HTML rendert.

Web Forms war das erste Programmiermodell von ASP.NET und ist u.a. geeignet für Prototypen, bei denen eine klare Trennung zwischen der Präsentationsschicht, dem Datenmodell und der Steuerung nicht unbedingt notwendig ist. Durch die Unterstützung komplexer serverseitiger Controls wie z.B. dem Calendar-Control wird die Entwicklung mit HTML stark abstrahiert.

Das zweite Programmiermodell sind Web Pages, die für einfache normalerweise Single-Page-Anwendungen geeignet sind. Web Pages sind am ehesten mit dem Programmiermodell von PHP oder JSP vergleichbar. Zur Einbettung von Programmiercode wird die Razor-Syntax verwendet. C# oder Visual-Basic-Code folgen immer hinter einem @-Zeichen. Web Pages werden abhängig von der Programmiersprache in Dateien mit der Dateiendung „.cshtml“ bzw. „.vbhtml“ gespeichert. Das folgende Beispiel verdeutlicht das Konzept von Web Pages mit der Razor-Syntax und Visual Basic:

```
<!DOCTYPE html>
<html>
```

```
<head>
    <title></title>
</head>
<body>
    @System.Environment.CurrentDirectory;
    <form method="post">
        <button type="submit">Klick mich!</button>
    </form>
    @If IsPost Then
        @DateTime.Now
    End If
</body>
</html>
```

Der Einarbeitungsaufwand ist bei Web Pages im Vergleich zu Web Forms und MVC geringer. Da Web Pages Quellcode und Präsentation stark vermischen, sind sie eher für Single Page Anwendungen und einfache Prototypen geeignet.

Das dritte Programmiermodell ist das Model-View-Controller-Modell, auf das ausführlich im nächsten Abschnitt eingegangen wird.

Neben den drei Technologien zur Entwicklung von Webanwendungen, bietet ASP.NET zwei Technologien zur Erstellung von Services an. Über die WebAPI werden Dienste über die REST-Architektur angeboten. REST (Representational State Transfer) ist ein Client-Server-Architekturstil in der Softwareentwicklung, der sich zur Erstellung von Diensten an den Konzepten von HTTP orientiert:

- Clientsoftware benötigt Ressourcen, die über einen eindeutigen URI (Uniform Resource Identifier) angegeben werden.
- Zum Bearbeiten der Ressourcen werden die HTTP-Standardverben (GET, POST, PUT, DELETE) verwendet.
- Alle Angaben, die man zum Bearbeiten der Ressourcen benötigt, sind in der Anfrage enthalten, sodass diese zustandlos ausgeführt werden kann.

Eine REST-Umsetzung beschreibt also die verwendeten Ressourcen, die zu benutzenden HTTP-Verben und die Syntax des URI zur Bearbeitung einer Ressource.

WebAPI entspricht in der Erstellung der Services den Konzepten von ASP.NET MVC.

Die zweite Technologie zur Erstellung von Services ist SignalR. Hiermit können Browser und Webserver in Echtzeit bidirektional kommunizieren. Dazu verwendet SignalR die vom W3C verabschiedete Spezifikation von WebSockets in HTML5.

### Model View Controller (MVC)

ASP.NET MVC ist das dritte und aktuellste Programmiermodell von ASP.NET zur Programmierung von Webanwendungen. Die erste Version von ASP.NET MVC wurde 2009 veröffentlicht. In diesem Kapitel wird die aktuelle Version ASP.NET MVC5 erläutert.

ASP.NET MVC setzt das Model-View-Controller-Muster um. Hierbei handelt es sich um ein Entwurfsmuster zur Trennung unterschiedlicher Aufgaben in einer Anwendung (Separation of concerns). Das Entwurfsmuster wurde bereits 1979 am Xerox PARC für die Programmiersprache Smalltalk von dem norwegischen Forscher Trygve Reenskaug entworfen.[26]

MVC sieht eine Trennung vor zwischen dem Geschäftsmodell mit den eigentlichen Daten (Model), den Sichten (View), die die Daten darstellen, und dem Controller, der die Benutzereingaben entgegennimmt. Der Controller übernimmt dabei die Schlüsselrolle, indem er das Model, abhängig von den Benutzereingaben, die er überprüft, anpasst. Er legt auch die anzuzeigende View fest. Ein Controller kann mehrere Views verwalten. So kann ein Controller zum Verwalten von Adressendaten z.B. eine Sicht mit einer Adressliste und eine weitere zur Anzeige der Detaildaten verwalten. Der Controller lädt auch die Daten z.B. aus einer Datenbank oder einem Webservice in das Model und übergibt dieses an die View, die die Daten anzeigt. View und

---

[26] https://heim.ifi.uio.no/~trygver/themes/mvc/mvc-index.html

Model kommunizieren nicht direkt miteinander, sondern nur über den Controller (Abb. 7.2).

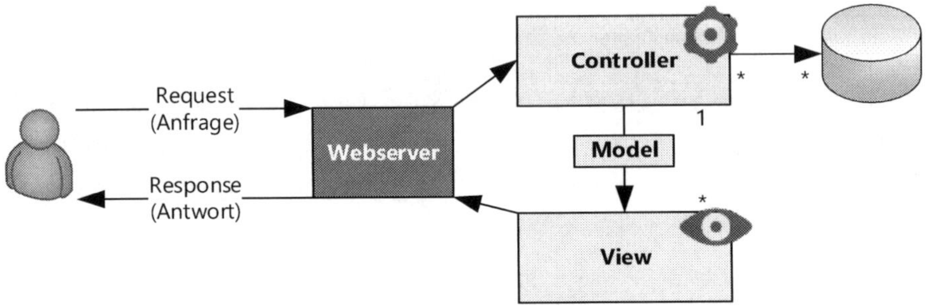


**Abbildung 7.2** Model-View-Controller

Das MVC-Entwurfsmuster ist besonders für komplexe Anwendungen geeignet, da die einzelnen Aufgaben stärker getrennt sind als z.B. bei WebForms. Neben der besseren Wartbarkeit sind vor allem Unit Tests einfacher durchzuführen.

## ASP.NET MVC5

Im Folgenden soll die Umsetzung der drei Bestandteile Model, View und Controller in ASP.NET MVC5 gezeigt werden. Dazu benötigen Sie Visual Studio 2015 Community Edition. Sie können die Software kostenlos von der Website http://www.visualstudio.com herunterladen.

Legen Sie zunächst ein neues ASP.NET Projekt in Visual Studio an. Bezeichnen Sie das Projekt als „Flugverbindung", denn das soll im weiteren Teil des Kapitels umgesetzt werden. Als Vorlage wählen Sie „Empty" aus und fügen als Kernverweis „MVC" hinzu (Abb. 7.3).

Auf der obersten Projektebene wird die web.config angelegt. Diese XML-Datei enthält Konfigurationsinformationen zur Website (z.B. Verbindungszeichenfolgen zur Datenbank, verwendete Version des .NET-Frameworks, eigene Schlüssel-Wert-Paare zur Konfiguration).

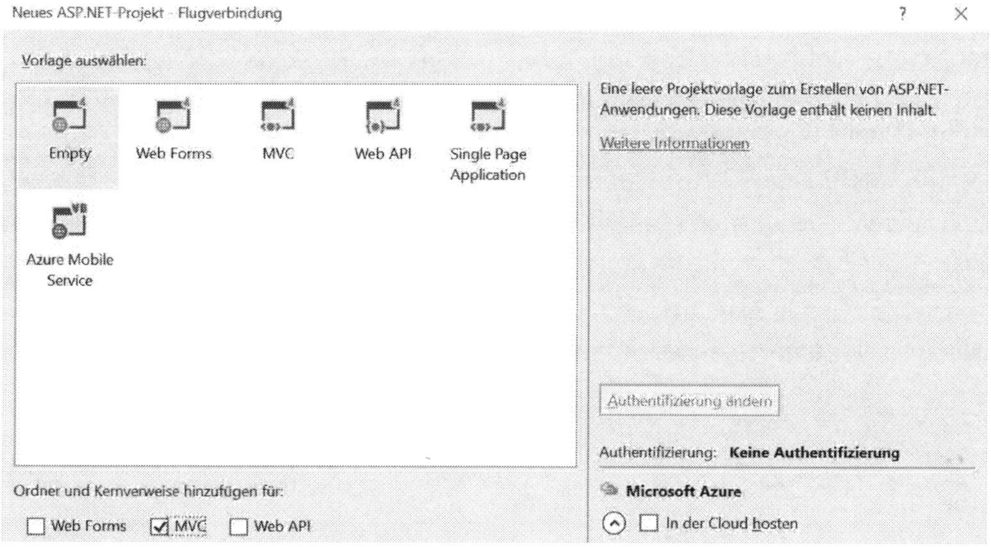


**Abbildung 7.3** Leeres ASP.NET MVC-Projekt

Daneben wird die Datei Global.asax und Global.asax.vb (Codebehind) erzeugt. Hier wird die Basisklasse der Webanwendung durch Ableitung von der Klasse HttpApplication angelegt. Diese Klasse bietet u.a. Zugriff auf den HTTP-Verkehr (Objekte Response und Request). Wird eine Webanwendung gestartet, überprüft ASP.NET, ob diese Klasse eine Methode Application_Start besitzt und führt sie aus. Entsprechend wird beim Beenden der Webanwendung die Methode Application_End aufgerufen. In der Methode Application_Start sollten allgemeine Initialisierungen, die die gesamte Anwendung betreffen, vorgenommen werden.

```
Public Class MvcApplication
    Inherits System.Web.HttpApplication

    Protected Sub Application_Start()
        AreaRegistration.RegisterAllAreas()
        RouteConfig.RegisterRoutes(RouteTable.Routes)
    End Sub
End Class
```

In der angelegten Anwendung wird eine Methode RegisterRoutes aufgerufen. Diese befindet sich in der Datei RouteConfig.vb im Ordner App_Start. Hier wird konfiguriert, wie die URL zum Aufruf der einzelnen Controller aussieht. Darauf wird später noch einmal eingegangen.

Daneben sind vor allem drei weitere Ordner wichtig: Controllers, Models und Views. Diese sind zurzeit leer und werden mit den entsprechenden Visual-Basic-Klassen (Controller, Model) und HTML-Dateien (Views) gefüllt.

Der letzte angelegte Ordner App_Data ist auch leer. In diesem Ordner werden, wie der Name schon sagt, die Daten persistiert.

### Controller

Als erstes soll die Funktionsweise eines Controllers erläutert werden. Dazu wird im Ordner Controllers ein neuer Controller hinzugefügt. Wählen Sie dazu über die rechte Maustaste im Kontextmenü den Menüpunkt „Hinzufügen → Controller..." aus. Im darauf erscheinenden Dialog selektieren Sie „MVC 5-Controller – leer" und fügen den Controller hinzu. Anschließend werden Sie nach dem Controllernamen gefragt. Tragen Sie hier „HomeController" ein. Die Datei HomeController.vb wird im Ordner Controllers angelegt. Zusätzlich findet sich ein Ordner Home im Views-Ordner, der allerdings noch leer ist. In diesem Ordner werden später die Views angelegt, für die der HomeController zuständig ist. Der Quellcode der HomeController-Klasse ist überschaubar und enthält zurzeit nur eine Methode Index. Ändern Sie den Rückgabewert dieser Methode von ActionResult auf string und liefern Sie „<h1>Hallo Welt!</h1>" als Wert dieser Methode zurück (Abb. 7.4).

Starten Sie die Webanwendung, indem Sie z.B. die Funktionstaste F5 zum Debuggen betätigen. Dabei spielt es keine Rolle, welche Datei gerade geöffnet ist. Der Browser wird gestartet und es erscheint der Text „Hallo Welt!" als Überschrift.

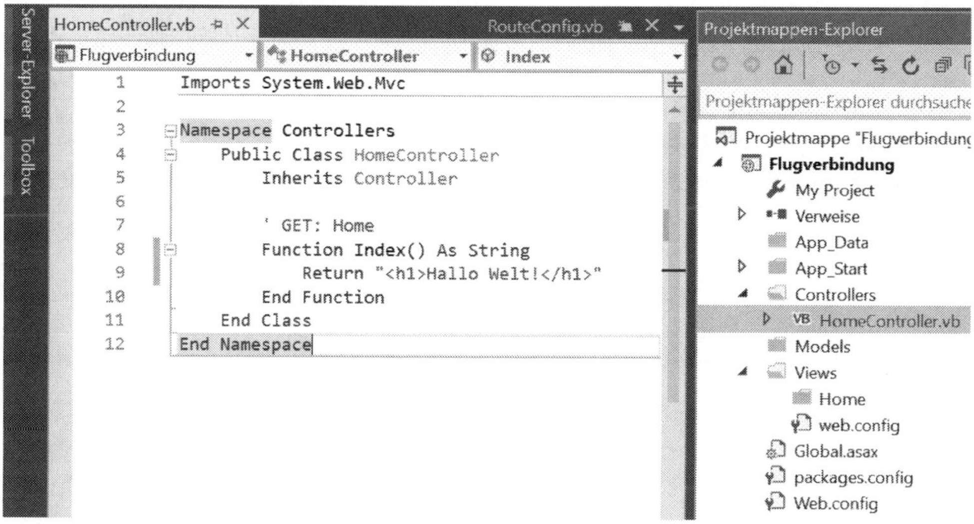


**Abbildung 7.4** Anlegen der Klasse HomeController

### Action und Route

Methoden in einem Controller werden als Actions bezeichnet. Um zu verstehen, welcher Controller mit welcher Action von ASP.NET aufgerufen wird, soll eine weitere Action-Methode angelegt werden. Diese heißt Details und zeigt eine einfache Zeichenkette als Überschrift an.

```
Function Details() As String
    Return "<h1>Detailinformationen</h1>"
End Function
```

Beim erneuten Start der Anwendung, wird zunächst wieder die Index-Methode aufgerufen. Gibt man nun als URL die folgende Adresse ein (ersetzen Sie Port durch die angezeigte Portnummer Ihres Webservers), wird die Methode Details des Home-Controllers aufgerufen und die Überschrift „Detailinformationen" angezeigt.

```
http://localhost:<Port>/Home/Details
```

Um die gewünschte Methode aufzurufen, muss ASP.NET über Routing-Informationen verfügen, die eine URL auf einen Controller und eine Action abbilden. Diese Routing-Informationen werden in der Methode RouteConfig.RegisterRoutes festgelegt, die in der Methode Application_Start aufgerufen wird.

```
Public Sub RegisterRoutes(ByVal routes As RouteCollection)
    routes.IgnoreRoute("{resource}.axd/{*pathInfo}")

    routes.MapRoute(
        name:="Default",
        url:="{controller}/{action}/{id}",
        defaults:=New With {.controller = "Home", .action = _
                          "Index", .id = UrlParameter.Optional}
    )
End Sub
```

Die Methode ruft MapRoute auf, die die Abbildung der URL auf den Controller und die Action vornimmt. Neben dem Namen der Route sind hierbei vor allem die Parameter url und defaults wichtig. Über den Parameter url werden ein URL-Muster mit Platzhaltern für den Controller, die Action und weitere Parameter festgelegt. Im Beispiel müssen in der URL zunächst der Name des Controllers, anschließend die Action und dann ggf. ein Parameter mit der festen Bezeichnung id stehen. Der defaults-Parameter legt fest, welche Werte verwendet werden sollen, wenn sie nicht in der URL übergeben werden. Fehlen also weitere Parameter, wird folgende URL verwendet:

```
http://localhost:<Port>/Home/Index
```

Als nächstes soll die Action-Methode Details um einen Parameter id ergänzt werden, der zusammen mit der Überschrift zurückgegeben werden soll.

```
Function Details(id As String) As String
    Return "<h1>Detailinformationen</h1>" + "<br/>id =  " + id
End Function
```

Starten Sie erneut die Webanwendung und geben Sie folgende URL ein:

```
http://localhost:<Port>/Home/Details/123
```

Die id wird als Parameter in der URL übergeben und im Browser ausgegeben. Über das Routing können also Parameter über den URL-Pfad angegeben werden. Daneben gibt es die Möglichkeit, Parameter über den Query String zu übergeben. Ergänzen Sie dazu die Details-Methode um einen weiteren Parameter info vom Datentyp string, den Sie nach der id ausgeben. Rufen Sie dann die Webanwendung über folgende URL auf:

```
http://localhost:<Port>/Home/Details/123/?info=Hallo
```

Jetzt wird auch der Parameter info ausgegeben. Die Parameter werden also direkt an die Übergabeparameter gebunden. Daneben kann sich der Controller die Routinginformationen auch aus der Eigenschaft RouteData entnehmen.

```
Function Details(id As String, info As String) As String
    Dim s = id + "<br/>" + info + "<br/>"

    For Each item As KeyValuePair(Of String, Object) In _
                                                RouteData.Values
        s += item.Key + " = " + item.Value + "<br/>"
    Next

    Return "<h1>Detailinformationen</h1>" + s
End Function
```

Um Ihre Website vor schädlichen Benutzereingaben zu schützen, sollten Sie solche Parameter vor der Weiterverarbeitung über die Methode HttpUtility.HtmlEncode in einen HTML-kodierten Wert umwandeln. Ansonsten könnten Anwender Ihre Website z.B. mit JavaScript-Code infizieren und auf eine eigene Website umleiten.

```
http://localhost:<Port>/Home/Details/123/?info=<script>window.loc
ation='http://hackerangriff.de';</script>
```

Zwar erkennt ASP.NET viele solcher schädlichen Eingabedaten automatisch, dennoch sollte man sich nicht darauf verlassen und den Quellcode wie folgt ändern:

```
Function Details(id As String, info As String) As String
    Return "<h1>Detailinformationen</h1>" _
            + "<br/>id   =  " + HttpUtility.HtmlEncode(id) _
            + "<br/>info =  " + HttpUtility.HtmlEncode(info)
End Function
```

Bisher wurden die Action-Methoden immer über das GET-Verb aufgerufen. Soll die Action mit seinen Parametern über das POST-Verb aufgerufen werden, vergibt man die Annotation HttpPost für die Methode.[27] Zum Aufruf der Methode bei einer gesicherten HTTP-Verbindung nutzt man die Annotation RequireHttps. Außerdem kann über die Annotation ActionName der Name der Action, über den auf diese zugegriffen wird, geändert werden. Über die Annotation NonAction kann im Controller angegeben werden, dass es sich nicht um eine Action-Methode handelt.

```
<RequireHttps>
<HttpPost>
<ActionName("Infos")>
Function Details(id As String, info As String) As String
...
```

[27] Ein Aufruf über den Browser führt nun zum HTTP Statuscode 404, da diese Action per POST z.B. nur über ein Formular aufgerufen werden kann

Bisher wurden nur einfache Zeichenketten von einer Action zurückgeliefert. Normalerweise liefert eine Action jedoch eine Instanz vom Typ ActionResult zurück. ActionResult selbst ist eine abstrakte Klasse. Von ihr abgeleitet sind jedoch Klassen, die z.B. nur Zeichenketten oder HTML zurückliefern. Tabelle 7.1 listet die wichtigsten von ActionResult abgeleiteten Klassen auf.

Die häufigsten Klassen sind ViewResult und PartialViewResult, über die HTML-Dokumente zurückgeliefert werden. Um die Klassen zu instanziieren, gibt es in der Controller-Klasse Methoden wie View, PartialView, RedirectToRoute, File, JavaScript u.a.

| Klasse | Beschreibung |
|---|---|
| ContentResult | Liefert einen benutzerdefinierten Inhalt, z.B. einfacher Text. |
| EmptyResult | Liefert nichts zurück, ist wichtig, wenn die Action-Methode null zurückliefern muss. |
| FileResult | Liefert den Inhalt einer Datei. |
| RedirectResult | Leitet zu einer anderen Action-Methode über eine URL um. |
| RedirectToRouteResult | Leitet zu einer anderen Action-Methode um. |
| JsonResult | Liefert Daten im JSON-Format. |
| JavaScriptResult | Liefert JavaScript-Code. |
| HttpStatusCodeResult | Liefert einen bestimmten HTTP Statuscode. |
| ViewResult | Rendert eine Web Page und liefert HTML zurück. |
| PartialViewResult | Rendert eine Web Page und liefert HTML zurück, der in einer anderen View eingebettet ist. |

**Tabelle 7.1** Rückgabeklassen einer Action

## Views

Bisher wurden die Views in den Action-Methoden des Controllers selbst erzeugt und als einfache Zeichenketten zurückgegeben. Als nächstes soll ein ViewResult über die Methode View erzeugt werden.

Die Methode Details soll dazu dienen, weitere Informationen über eine Flugverbindung anzuzeigen. Dazu wird die Methode zunächst wie folgt geändert und anschließend ausgeführt:

```
Function Details(Optional id As String = "LH1234") As _
                                                  ActionResult
    Return View()
End Function
```

Das Ausführen der Action führt zu einer Fehlermeldung, wie in Abb. 7.5 zu erkennen ist.

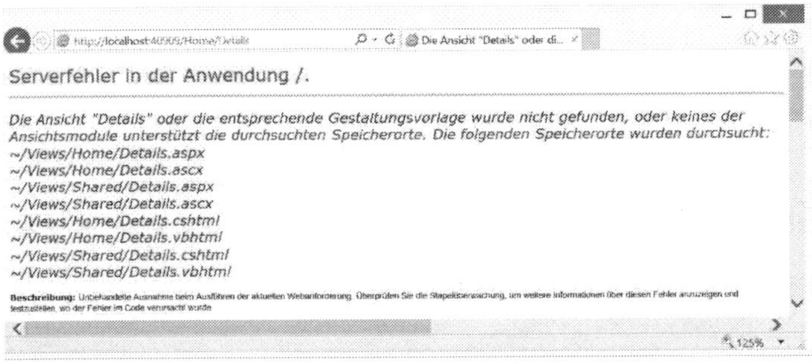


**Abbildung 7.5** Fehlermeldung bei Action-Methode ohne View

Da für die Details-Action im Home-Controller bisher noch keine View angelegt wurde, findet ASP.NET diese nicht. Der Fehlermeldung kann man entnehmen, dass in den Ordnern Views/Home und Views/Shared nach einer View gesucht wird. Der Name der View entspricht dabei dem Namen der Action-Methode. Views werden in MVC in der Razor-Syntax angelegt. Solche Dateien haben die Dateiendung „.cshtml" bzw. „.vbhtml". Daneben sucht ASP.NET auch nach Dateien mit der Endung „.aspx" usw. Diese Dateiformate entsprechen den WebForms, also der obsoleten ersten ASP.NET-Technologie zur Erstellung von Webanwendungen. Üblich ist heute die Verwendung der Razor-Dateien, wie es auch in diesem Kapitel gezeigt wird. Die Methode View besitzt weitere überladene Methoden, um z.B. den Namen der View explizit zu übergeben oder das Datenmodell an die View zu übergeben.

Zur Erstellung einer View für die Details-Methode wählt man in der Action-Methode über das Kontextmenü den Menüpunkt „Ansicht hinzufügen..." aus. Achten Sie darauf, dass der Ansichtname der Action-Methode (Details) entspricht. Deselektieren Sie außerdem das Häkchen vor „Layoutseite verwenden" (Abb. 7.6).

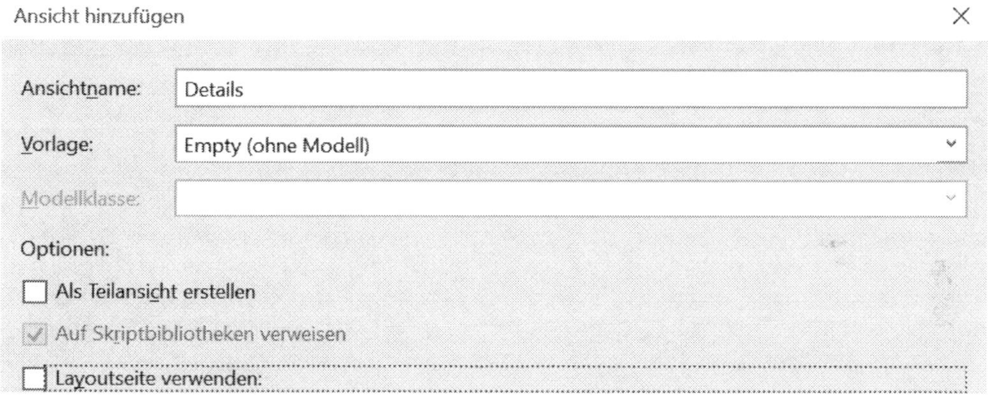


**Abbildung 7.6** Anlegen einer View

Es wird eine einfache HTML-Seite erzeugt, die mit drei Zeilen Razor-Code beginnt.

```
@Code
    Layout = Nothing
End Code

<!DOCTYPE html>
```

```
<html>
<head>
    <meta name="viewport" content="width=device-width" />
    <title>Details</title>
...
```

## Razor

Razor-Syntax beginnt immer mit dem @-Zeichen und kann mit HTML-Code gemischt werden. Die Razor View Engine erkennt automatisch, ob es sich um Razor- oder HTML-Code handelt. Innerhalb der Razor-Syntax kann beliebiger Visual-Basic-Code mit den von .NET her bekannten Klassen verwendet werden, um den HTML-Code dynamisch zu erzeugen. Das folgende Beispiel ergänzt die Datei Details.vbhtml um Visual-Basic-Code, um die Dateien im Ordner Controllers in der Webseite anzuzeigen:

```
...
<body>
    @Code
        Dim path = Server.MapPath("/Controllers")
        Dim files = Directory.EnumerateFiles(path)
    End Code

    @Code
        For Each item As String In files
            @item
            @<br/>
        Next
    End Code
</body>
...
```

Soll ausschließlich Visual-Basic-Code ausgeführt werden, schließt man diesen hinter dem @-Zeichen als Anweisungsblock in die Syntaxwörter

Code und End ein. Verwendet man nur das @-Zeichen, können Funktionsrückgaben direkt in den HTML-Stream ausgegeben werden. In der Razor-Datei wird zunächst der vollständige Pfad zum Controllers-Ordner ermittelt. Danach werden über die Methode Directory.EnumerateFiles alle Dateien in diesem Ordner in der enumerierbaren Liste files gespeichert. Schließlich werden in einer For-Each-Schleife alle Dateinamen in den HTML-Stream ausgegeben bzw. gerendered.

Beim Einfügen von Variablen in den HTML-Stream führt Razor immer ein HTMLEncoding durch, damit die Website nicht mit bösartigen Skripten infiziert wird. Folgender Code veranlasst also nicht die Ausführung des JavaScript-Codes:

```
<body>
    @Code
        Dim sc = "<script>alert('Hallo');</script>"
    End Code

    @sc
</body>
```

Sollen die Eingaben dennoch, so wie sie sind, in den HTML-Stream eingefügt werden, ist das mit HTML-Helper-Funktionen möglich. Ersetzen Sie „@sc" durch „@Html.Raw(sc)", wird der JavaScript-Code ausgeführt.

Neben einfachen Razor-Anweisungen und Anweisungsblöcken in geschweiften Klammern, gibt es Razor-Anweisungen, die als Ausdruck in runde Klammern gesetzt werden können. Das ist z.B. sinnvoll, wenn die Razor-View-Engine nicht automatisch das Ende einer Anweisung erkennen kann. Die folgenden Zeilen verdeutlichen das Problem:

```
<body>
    @Code Dim chapter = 1 End Code
    @chapter.Kapitel
    @(chapter).Kapitel
</body>
```

Es soll ein Text ausgegeben werden, der sich aus der Zahl in der Variablen chapter und dem statischen Text „.Kapitel" zusammensetzt. Die erste Razor-Anweisung führt zu einem Syntaxfehler, da die Razor-Engine aufgrund der Punktnotation davon ausgeht, dass „Kapitel" eine Eigenschaft der Variablen chapter und kein statischer Text ist. Die zweite Razor-Anweisung verwendet dagegen einen Razor-Ausdruck, der durch runde Klammern begrenzt wird, sodass die Razor-Engine diesen explizit erkennen kann.

In Abb. 7.2 zum MVC-Entwurfsmuster übergibt der Controller das Model an die View. In den bisherigen Beispielen bestand die View aus einer statischen Sicht oder hat sich die Daten selbst beschafft (Dateiliste über EnumerateFiles). Für die Beschaffung der Daten ist nach MVC direkt oder indirekt der Controller zuständig. Die View soll nur eine Vorlage zur Darstellung der Daten bereitstellen und daher möglichst wenig eigenen Quellcode enthalten. Beim Erzeugen der View im Controller gibt es daher zwei Möglichkeiten, Daten an die View zu übergeben.

Die erste Möglichkeit besteht in der Übergabe von beliebigen Objekten der Eigenschaft Controller.ViewBag. Diese Eigenschaft wird beim Instanziieren eines Controllers angelegt. Da es sich um eine dynamische Variable handelt, kann sie beliebige neue Variablennamen aufnehmen. Abgebildet wird die Eigenschaft ViewBag intern in das Dictionary ViewData, das auch zur Übergabe von Objekten an die View verwendet werden kann.

Im folgenden Visual-Basic-Code übergibt die Action-Methode Details über das ViewData-Dictionary ein anonymes Objekt mit Flugverbindungsdaten und eine Zeichenkette mit einem Hinweis an die View:

```
Function Details(Optional id As String = "LH1234") _
                                  As ActionResult
    ViewBag.Flight = New With {
        Key .FlightNumber = id,
            .DepartureTime = "11:00",
            .ArrivalTime = "14:00",
            .DepartureAirport = "Hamburg",
            .ArrivalAirport = "Lissabon",
            .Airline = "LH"
    }
```

```
    ViewData("Hint") = "Flug nur am Montag"

    Return View()
End Function
```

Da das ViewData-Dictionary letztendlich die Eigenschaften des dynamischen ViewBag abbildet, können diese auch analog verwendet werden, wie der dazugehörige Razor-Code zeigt.

```
<body>
    @Code
        Dim flight = ViewData("Flight")
        Dim hint = ViewBag.Hint
    End Code

    <div class="flight">
        <h4>Flug: @flight</h4>
        <p>Hinweis: @hint</p>
    </div>
</body>
```

Umgekehrt werden im Razor-Code die Hint-Eigenschaft indirekt über den ViewBag und das Flight-Objekt direkt über das ViewData-Dictionary gelesen. Diese Vorgehensweise hat jedoch einen Nachteil. Weil es sich bei dem Flight-Objekt um eine anonyme Klasse handelt, kennt Razor die einzelnen Eigenschaften nicht. Um das Problem zu beheben, muss ein Datenmodell für diese Klasse erzeugt werden. Legen Sie dazu im Ordner Models eine Klasse Flight mit folgendem Visual-Basic-Code an:

```
Public Class Flight
    Public Property FlightNumber() As String
        Get
            Return m_FlightNumber
        End Get
        Set
```

```
            m_FlightNumber = Value
        End Set
    End Property
    Private m_FlightNumber As String
    Public Property DepartureTime() As DateTime
        Get
            Return m_DepartureTime
        End Get
        Set
            m_DepartureTime = Value
        End Set
    End Property
    Private m_DepartureTime As DateTime
    Public Property ArrivalTime() As DateTime
        Get
            Return m_ArrivalTime
        End Get
        Set
            m_ArrivalTime = Value
        End Set
    End Property
    Private m_ArrivalTime As DateTime
    Public Property DepartureAirport() As String
        Get
            Return m_DepartureAirport
        End Get
        Set
            m_DepartureAirport = Value
        End Set
    End Property
    Private m_DepartureAirport As String
    Public Property ArrivalAirport() As String
        Get
            Return m_ArrivalAirport
        End Get
        Set
            m_ArrivalAirport = Value
```

```
        End Set
    End Property
    Private m_ArrivalAirport As String
    Public Property Airline() As String
        Get
            Return m_Airline
        End Get
        Set
            m_Airline = Value
        End Set
    End Property
    Private m_Airline As String
End Class
```

Anstelle einer anonymen Klasse wird dem ViewBag jetzt eine Instanz der Klasse Flight zugewiesen.

```
Function Details(Optional id As String = "LH1234") As _
                                                    ActionResult
    ViewBag.Flight = New Flight With {
            .FlightNumber = id,
            .DepartureTime = DateTime.Parse("11:00"),
            .ArrivalTime = DateTime.Parse("14:00"),
            .DepartureAirport = "Hamburg",
...
```

Dadurch ist es in der Razor-Datei möglich, auf alle Eigenschaften der Klasse Flight zuzugreifen.

```
<body>
  @Code
    Dim flight As Flight = DirectCast(ViewData("Flight"), Flight)
    Dim hint = ViewBag.Hint
  End Code

    <div class="flight">
```

```
        <h4>@flight.DepartureAirport nach @flight.ArrivalAirport</h4>
        <p>
            Abflug: @flight.DepartureTime.ToShortTimeString()<br />
            Ankunft: @flight.ArrivalTime.ToShortTimeString()<br />
            Airline: @flight.Airline<br />
        </p>
...
```

ASP.NET kennt allerdings eine elegantere Möglichkeit, das Datenmodell an die View zu übergeben. Zum einen wird hierbei das Flight-Objekt direkt als Parameter an die View übergeben.

```
Function Details(Optional id As String = "LH1234") As _
                                                    ActionResult
    Dim flight = New Flight With {
...
    ViewData("Hint") = "Flug nur am Montag"

    Return View(flight)
End Function
```

Zum anderen kennt Razor das Schlüsselwort @ModelType, mit dem der Typ des Datenmodells dem Dokument bekanntgegeben wird. Über die Eigenschaft Model kann dann auf die einzelnen Eigenschaften und Methoden des Datenmodells zugegriffen werden. Die vollständige Razor-Datei sieht wie folgt aus:

```
@ModelType Flugverbindung.Flight
...
<body>
  @Code
    Dim hint = ViewBag.Hint
  End Code

  <div class="flight">
    <h4>@Model.DepartureAirport nach @Model.ArrivalAirport</h4>
```

```
    <p>
        Abflug: @Model.DepartureTime.ToShortTimeString()<br />
        Ankunft: @Model.ArrivalTime.ToShortTimeString()<br />
        Airline: @Model.Airline<br />
    </p>
...
```

### Layout

HTML-Dokumente einer Website weisen in der Regel ein ähnliches Layout auf. Im Kopfbereich erscheint ein Titel mit einer Navigationsleiste, in der Mitte findet sich der eigentliche Inhalt und im Fußbereich stehen allgemeine Hinweise wie z.B. das Impressum. Für Bereiche, die weitgehend identisch sind, kann man in ASP.NET eigene Layout-Dateien in Razor-Syntax anlegen.

Der obere Bereich jeder View soll nun eine Navigationsleiste erhalten und im Fußbereich sollen Datum/Uhrzeit angezeigt werden. Dazu legen Sie im Ordner Views/Shared eine Datei „_Layout.vbhtml" mit folgendem Inhalt an:

```
<!DOCTYPE html>

<html>
<head>
    <meta charset="utf-8" />
    <meta name="viewport" content="width=device-width">
    <title>@ViewBag.Title</title>
</head>
<body>
    <header>
        <nav>
            <ul>
                <li>@Html.ActionLink("Home", "Index")</li>
                <li>@Html.ActionLink("Details", "Details")</li>
                <li>@Html.ActionLink("Über", "About")</li>
```

```
            </ul>
        </nav>
    </header>
    <hr />
    <div>
        @RenderBody()
    </div>
    <footer>
        <hr />
        <p>@DateTime.Now</p>
    </footer>
</body>
</html>
```

Zur Verwendung variabler Bestandteile in der Layoutdatei, um z.B. das <title>-Element des HTML-Dokumentes zu setzen, wird ViewBag benutzt. Um auf eine Action in einem Controller zu verlinken, gibt es in ASP.NET einige Hilfsfunktionen. Diese von der Klasse HtmlHelper bereitgestellten Methoden werden über die Eigenschaft Html der View bereitgestellt. Um einen Link auf eine Action-Methode zu setzen, verwendet man die Methode HtmlHelper.ActionLink. Dieser übergibt man den anzuzeigenden Text und die Bezeichnung der Action-Methode.

Der wichtigste Aufruf in der Layoutdatei ist allerdings der Razor-Aufruf von RenderBody. Dort, wo dieser Aufruf erscheint, wird die eigentliche View in die Layoutdatei eingebettet.

Das Einbinden der Layoutdatei zu einer View ist über die Eigenschaft Layout möglich. Allgemeine Teile der Details.vbhtml, die sich nun in der _Layout.vbhtml befinden, sollten entfernt werden. Damit verkürzt sich die Details.vbhtml wie folgt:

```
@Code
    Dim hint = ViewBag.Hint
    Layout = "~/Views/Shared/_Layout.vbhtml"
    ViewBag.Title = "Details"
End Code
```

```
<div Class="flight">
    <h4>@Model.DepartureAirport nach @Model.ArrivalAirport</h4>
    <p>
        Abflug:  @Model.DepartureTime.ToShortTimeString()<br />
        Ankunft: @Model.ArrivalTime.ToShortTimeString()<br />
        Airline: @Model.Airline<br />
        Flugnr: @Model.FlightNumber<br />
    </p>
    <p>Hinweis: @hint</p>
</div>
```

Zu beachten ist, dass der Titel der Layoutdatei über den ViewBag gesetzt werden muss. Der Verweis auf die „_Layout.vbhtml" beginnt mit dem Tilde-Zeichen. Dieses wird verwendet, um auf einfache Weise das Wurzelverzeichnis der Website anzugeben.

Starten Sie die View und lassen Sie sie im Browser anzeigen, sind nun auch die HTML-Elemente aus der Layoutdatei zu sehen. Da bisher noch keine Stile über CSS vergeben wurden, sieht die Website noch sehr schlicht aus. Am Ende des Kapitels wird eine Website erstellt, die Flugverbindungen bearbeitet und persistiert. Dort wird Bootstrap zur Gestaltung der Seiten verwendet.

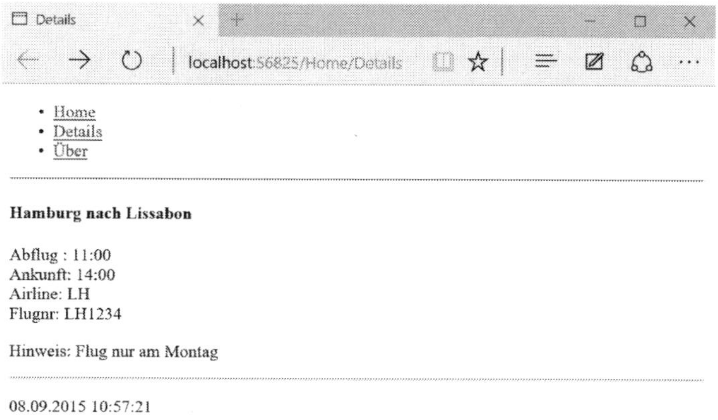


**Abbildung 7.7** Details-View unter Verwendung einer Layoutdatei

Da für alle Views normalerweise eine gemeinsame Layoutdatei verwendet wird, wäre es mühsam, für jede View die Layout-Eigenschaft im Razor-Code zu setzen. Das geht einfacher, indem man im Ordner Views eine Razor-Datei mit dem Namen „_ViewStart.vbhtml" anlegt. Vor dem Rendering einer Razor-Datei wird überprüft, ob es im Ordner der Razor-Datei oder den darüber liegenden Ordnern eine Datei mit diesem Namen gibt. Ist das der Fall, wird diese mit in den HTML-Stream gerendered. Anschließend wird hierin die Layout-Eigenschaft auf die gewünschte Layoutdatei gesetzt.

```
@Code
    Layout = "~/Views/Shared/_Layout.vbhtml"
End Code
```

Bevor Sie sich die Detail-View erneut im Browser anzeigen, entfernen Sie die Zuweisung der Layout-Eigenschaft.

### HTML Helpers

Methoden der Klasse HtmlHelper werden von der View über die Eigenschaft Html bereitgestellt. Diese Methoden sind „kleine" Helfer, um HTML für Links, Eingabeelemente und Formulare dynamisch zu erzeugen. Die Methode ActionLink der Klasse wurde bereits erläutert. Sie liefert den HTML-Code mit dem Hyperlink auf eine Action-Methode zurück. Daneben gibt es weitere Methoden, um z.B. den Wert aus dem Datenmodell auszugeben oder beim Bearbeiten der Flughafenbezeichnung eine Textbox als Eingabefeld bereitzustellen. Zwar könnte man den HTML-Code auch selbst erzeugen, die HtmlHelper-Methoden nehmen einem aber die Arbeit ab und vermeiden zudem mögliche Fehler.

Da die Methoden vor allem bei der Verwendung von Formularen wichtig sind, soll die Detail-View um einen Hyperlink ergänzt werden. Dieser soll auf eine neue Action-Methode Edit verweisen, über die die Flugverbindung bearbeitet werden kann. Fügen Sie den Link am Ende der View-Datei hinzu. Damit die Action-Methode weiß, welche Flugverbindung bearbeitet werden soll, wird die Flugnummer als Parameter mit übergeben.

```
    <p>Hinweis: @hint</p>
    <p>@ @Html.ActionLink("Bearbeiten", "Edit", New With _
                                    {.id = Model.FlightNumber})
    </p>
</div>
```

Führt man die Detailseite im Browser aus, wird beim Auswählen des Hyperlinks noch der HTTP Statuscode 404 (Not found) zurückgeliefert, da bisher keine Action-Methode mit der Bezeichnung Edit vorhanden ist. Das soll nun nachgeholt werden, indem eine dritte Methode Edit angelegt wird.

```
Public Function Edit(id As String) As ActionResult
    If String.IsNullOrEmpty(id) Then
        Return New HttpStatusCodeResult( _
                                    HttpStatusCode.BadRequest)
    End If
    If Not id.Equals("LH1234") Then
        Return HttpNotFound()
    End If

    Return View(New Flight() With {
              .FlightNumber = id,
              .DepartureTime = DateTime.Parse("11:00"),
              .ArrivalTime = DateTime.Parse("14:00"),
              .DepartureAirport = "Hamburg",
              .ArrivalAirport = "Lissabon",
              .Airline = "LH"
        })
End Function
```

In der Edit-Methode wird zunächst überprüft, ob eine Flugnummer übergeben wurde und ob ein Flug mit dieser Flugnummer existiert. Wurde keine Flugnummer übergeben, wird der HTTP Statuscode 400 (Bad Request), existiert die Flugverbindung nicht, 404 (Not found) zurückgegeben. Sie können beide Überprüfungen testen, indem Sie folgende URLs verwenden:

```
http://localhost:<Port>/Home/Edit/
http://localhost:<Port>/Home/Edit/LH999
```

Aufgrund eines einzigen Testdatensatzes, wird aktuell nur statisch überprüft, ob die Flugnummer „LH1234" lautet. Gibt es viele Datensätze, wird natürlich kontrolliert, ob eine Flugverbindung z.B. in einer Datenbank vorhanden ist.

Als nächstes muss die View erstellt werden, die zum Bearbeiten der Flugdaten erscheinen soll. Dazu klicken Sie am einfachsten wieder mit der rechten Maustaste in den Quellcode des Controllers und wählen im erscheinenden Kontextmenü den Menüpunkt „Ansicht hinzufügen". Im darauffolgenden Dialogfenster soll nun die Vorlage „Edit" verwendet werden. Dazu müssen Sie zwingend eine Modellklasse angeben, in diesem Fall die Klasse Flugverbindung.Models.Flight. „Layoutseite verwenden" bleibt in diesem Beispiel ausgewählt. Dadurch wird automatisch die gerade erstellte Layoutdatei verwendet (Abb. 7.8).

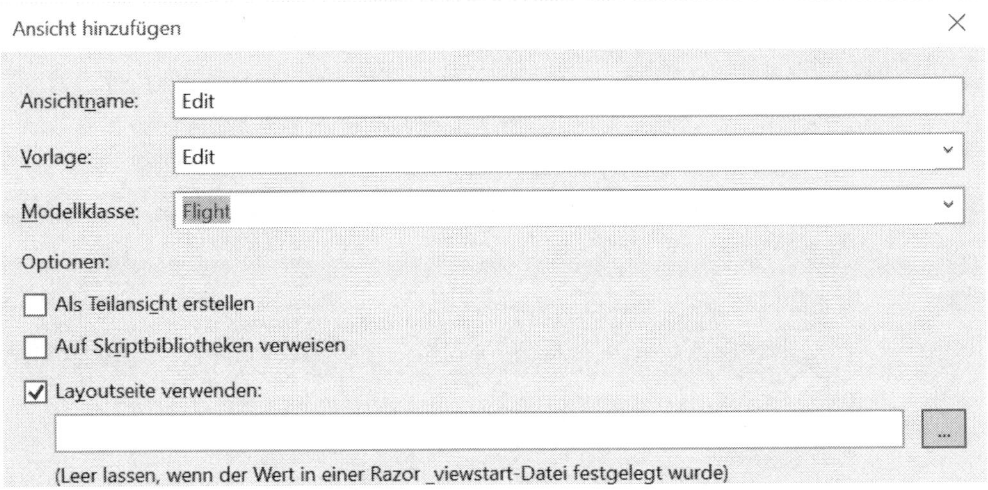


**Abbildung 7.8** Edit-View hinzufügen

Nun wird die generierte Edit.vbhtml zum Bearbeiten angezeigt. Im Folgenden erscheint eine stark vereinfachte Version der erzeugten Datei, um die wesentlichen HtmlHelper-Methoden zu erläutern:

```
@ModelType Flugverbindung.Flight
@Code
    ViewData("Title") = "Edit"
End Code

<h2>Edit</h2>

@Using (Html.BeginForm())
    <h4>Flight</h4>
    <hr />
    @Html.ValidationSummary(True, "")
    @Html.HiddenFor(Function(model) model.FlightNumber)

    @Html.LabelFor(Function(model) model.DepartureTime)
    @Html.EditorFor(Function(model) model.DepartureTime)
    @Html.ValidationMessageFor(Function(model) _
                              model.DepartureTime, "")
...
    <input type="submit" value="Save" class="btn btn-default" />
}

@Html.ActionLink("Back to List", "Index")
```

Über die Methode BeginForm wird das <form>-Tag für den darauf folgenden Anweisungsblock erzeugt. Der Verweis auf das action- und method-Attribut in HTML wird automatisch erzeugt. Ändert sich also z.B. der Name des Controllers oder der Action-Methode, sind keine Änderungen in der View notwendig.

Über HiddenFor können Werte im Formular versteckt und beim Abspeichern dennoch an den Webserver zurückgesendet werden. Das ist in diesem Fall für die Flugnummer sinnvoll, da diese nicht geändert werden darf.

Um beim Senden der geänderten Daten an den Webserver die Flugnummer mit zu übertragen, wird sie als Formularfeld nicht sichtbar angelegt.

LabelFor legt für Eingabefelder automatisch ein <label>-Element und EditorFor das dazugehörige Eingabefeld an. EditorFor berücksichtigt beim Anlegen des Eingabefeldes den Datentyp. Bei den Datumswerten wird z.B. folgender HTML-Code erzeugt:

```
<input id="DepartureTime" name="DepartureTime" type="datetime"
 value="08.09.2015 11:00:00" />
```

Außerdem gibt es mit „data-..." beginnende Attribute. Diese werden clientseitig zur Validierung verwendet und sind hier nicht mit aufgeführt.

Über ValidationMessageFor und ValidationSummary werden Bereiche festgelegt, in denen für ein Eingabeelement oder für das gesamte Formular die Fehlermeldungen erscheinen.

Starten Sie die View, indem Sie als korrekte id die Flugnummer „LH1234" übergeben.

```
http://localhost:<Port>/Home/Edit/LH1234
```

Es erscheint die View zum Bearbeiten der Flugverbindung. Sofern Sie Änderungen vornehmen und den „Save"-Button betätigen, wird die Webseite mit den initialisierten Daten der Edit-Methode erneut aufgerufen. Das Formular ruft also zurzeit die Edit-Methode sowohl zum Bearbeiten als auch zum Speichern der geänderten Daten auf. Über das HTTP Verb GET und über das Verb POST wird also die gleiche Action-Methode aufgerufen.

ASP.NET sieht vor, dass man zum Anzeigen von Daten das GET-Verb und zum Speichern das POST-Verb verwendet. Es wird also eine Action-Methode benötigt, um die Bearbeiten-View anzuzeigen und eine zweite Action-Methode, um die geänderten Daten zu speichern.

Zur Speicherung der geänderten Flugdaten wird also eine zweite Edit-Methode über das POST-Verb aufgerufen. Dazu muss zunächst die erste Edit-Methode wie folgt mit dem Attribut HttpGet versehen werden:

```
<HttpGet>
Public Function Edit(id As String) As ActionResult
...
```

Die zweite Edit-Methode nimmt die geänderten Daten als Instanz der Klasse Flight entgegen und persistiert diese. Der Einfachheit halber werden die Flugdaten hier nur angezeigt.

```
<HttpPost>
Public Function Edit(flight As Flight) As String
    ' Speichern der Flugverbindung simulieren
    Dim info = "Flug " + flight.FlightNumber + _
               " wurde mit folgenden Daten geändert<br/>"
    info += flight.Airline + "<br/>"
    info += flight.ArrivalAirport + "<br/>"
    info += flight.ArrivalTime + "<br/>"
    info += flight.DepartureAirport + "<br/>"
    info += flight.DepartureTime

    Return info
End Function
```

### Praxis: Flugverbindungen

Nachdem die grundlegenden Konzepte von ASP.NET MVC5 erläutert wurden, soll zum Abschluss des Kapitels das bisherige Beispiel so bearbeitet werden, dass Flugverbindungen auch in einer Datenbank angelegt, geändert, gelöscht und gesucht werden können (Abb. 7.9).

Dazu soll zunächst wieder ein neues Projekt vom Typ „ASP.NET Webanwendung" angelegt werden. Als Vorlage wird allerdings „MVC" und für die Authentifizierung „Einzelne Benutzerkonten" verwendet. Visual Studio erzeugt bei dieser Vorlage bereits eine Startseite mit Bootstrap-Layout und es werden Controller und Views für Anmeldung, Startseite und Verwaltung von Kennwörtern usw. angelegt.

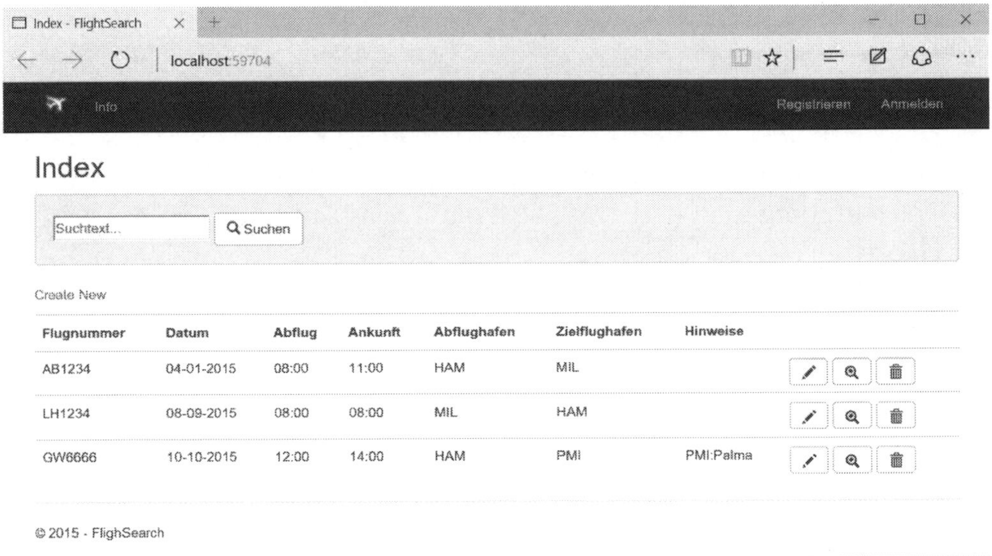


**Abbildung 7.9** Beispiel Flugverbindungen

Im Projektordner findet man drei weitere Ordner. Im Ordner Content werden CSS-Vorlagen und Ressourcen wie Bilder abgelegt. Der Ordner fonts enthält die Schriftarten von Bootstrap und im Ordner Scripts finden sich JavaScript-Dateien von Bootstrap, jQuery, jQuery Validation, Respond.js[28] und Modernizr[29].

Zunächst soll das Layout der Webanwendung wie in Abb. 7.9 zu sehen geändert werden. Die erzeugte Layoutdatei heißt _Layout.vbhtml und befindet sich im Ordner Views/Shared. Das erste Element im <body>-Bereich enthält eine fixe Bootstrap-Navigationsleiste (navbar). In diesem Bereich befinden sich die HtmlHelper-Methoden zum Erstellen der Links auf entsprechende Action-Methoden. Die Links zur „Startseite" und zu „Kontakt" sollen gelöscht werden und der erste Link zum Verweis auf die Startseite wird durch

---

[28] Bietet CSS3 Media Queries für Browser, die diese Eigenschaft nicht unterstützen. siehe https://github.com/scottjehl/Respond

[29] Bietet HTML5 Eigenschaften für Browser, die diese Eigenschaften nicht unterstützen siehe http://modernizr.com

ein Bild ersetzt, das auf die Startseite verweist. Kopieren Sie dazu ein einprägsames Logo mit dem Namen „plane.png" in den Content-Ordner.

```
...
    <a href="@Url.Action("Index", "Home")">
        <img src="@Url.Content("~/Content/plane.png")"
         class="img-responsive" />
    </a>
    @Html.ActionLink("Anwendungsname", "Index", "Home", _
    New With { .area = "" }, New With _
    { .class = "navbar-brand" })
</div>
<div class="navbar-collapse collapse">
    <ul class="nav navbar-nav">
        <li>@Html.ActionLink("Startseite", "Index", "Home")</li>
        <li>@Html.ActionLink("Info", "About", "Home")</li>
        <li>@Html.ActionLink("Kontakt", "Contact", "Home")</li>
    </ul>
...
```

Ersetzen Sie dann den bisherigen Anwendungsnamen „Meine ASP.NET-Anwendung" durch „FlightSearch".

Die Startseite wird aktuell über die Index-Methode des Home-Controllers geladen, da in der Methode RegisterRoutes über die MapRoute-Methode diese Route als Standard angegeben ist.

```
routes.MapRoute(
    name:="Default",
    url:="{controller}/{action}/{id}",
    defaults:=New With {.controller = "Home", _
                 .action = "Index", .id = UrlParameter.Optional}
)
```

Als Startseite soll nun eine Liste mit Flugverbindungen angezeigt werden. Dazu wird ein neuer Controller mit eigenen Action-Methoden erstellt. Damit nun beim Start der Website die Index-Methode des neuen Controllers, der Flight heißen soll, aufgerufen wird, kann z.B. die Route wie folgt geändert werden:

```
routes.MapRoute(
    name:="Default",
    url:="{controller}/{action}/{id}",
    defaults:=New With {.controller = "Flight", _
                   .action = "Index", .id = UrlParameter.Optional}
)
```

Alternativ kann auch die Index-Methode des Home-Controllers eine Umleitung auf den neuen Controller durchführen. Dazu muss die Methode Index wie folgt geändert werden:

```
Public Function Index() As ActionResult
    Return RedirectToAction("Index", "Flight")
    return View()
End Function
```

Startet man die Website, wird aktuell der HTTP Statuscode 404 (Not found) zurückgeliefert, da der Flight-Controller nicht angelegt ist. Zuvor soll aber das Datenmodell angelegt werden, da dieses beim Hinzufügen des Controllers benötigt wird. Dazu legt man im Ordner Models eine neue Klasse FlightRoute an, die die Attribute für eine Flugverbindung enthält.

```
Public Class FlightRoute
    Public Property Id() As Integer
        Get
            Return m_Id
        End Get
        Set
            m_Id = Value
        End Set
    End Property
    Private m_Id As Integer
```

```
Public Property FlightNo() As String
        Get
                Return m_FlightNo
        End Get
        Set
                m_FlightNo = Value
        End Set
End Property
Private m_FlightNo As String
Public Property [Date]() As DateTime
        Get
                Return m_Date
        End Get
        Set
                m_Date = Value
        End Set
End Property
Private m_Date As DateTime
Public Property From() As DateTime
        Get
                Return m_From
        End Get
        Set
                m_From = Value
        End Set
End Property
Private m_From As DateTime
Public Property [To]() As DateTime
        Get
                Return m_To
        End Get
        Set
                m_To = Value
        End Set
End Property
Private m_To As DateTime
Public Property FromAirport() As String
```

```
        Get
            Return m_FromAirport
        End Get
        Set
            m_FromAirport = Value
        End Set
    End Property
    Private m_FromAirport As String
    Public Property ToAirport() As String
        Get
            Return m_ToAirport
        End Get
        Set
            m_ToAirport = Value
        End Set
    End Property
    Private m_ToAirport As String
    Public Property Hints() As String
        Get
            Return m_Hints
        End Get
        Set
            m_Hints = Value
        End Set
    End Property
    Private m_Hints As String
End Class
```

Id stellt dabei in der späteren Datenbanktabelle den Primärschlüssel in der Tabelle FlightRoute dar. Befindet sich in einem Datenmodell ein Attribut mit diesem Namen, wird es automatisch als Primärschlüssel verwendet. Um den Primärschlüssel explizit selbst zu setzen, verwendet man das .NET Attribut (Annotation) System.ComponentModel.DataAnnotations.Key wie folgt:

```
Imports System.ComponentModel.DataAnnotations
```

```
Public Class FlightRoute
    <Key>
    Public Property Id() As Integer
...
```

Von diesen Coding by Convention[30] Regeln, die ein Id-Attribut als Primärschlüssel verwenden, gibt es weitere, die das Konfigurieren in ASP.NET vereinfachen. Ein Fremdschlüssel wird z.B. automatisch an seiner Bezeichnung erkannt, weil an den Klassennamen das Kürzel Id angehängt wird (z.B. PassengerId). Bei Erstellen einer View muss der Name der View nicht angegeben werden, sofern er mit dem Namen der Action-Methode übereinstimmt.

Nun soll der Controller erstellt werden, der dieses Datenmodell verwendet. Dazu wählt man im Projektordner Controllers über die rechte Maustaste aus dem Kontextmenü „Hinzufügen → Controller..." aus. Im darauf erscheinenden Dialog „Gerüst hinzufügen" wählt man den ersten Eintrag „Ein MVC-5-Controller mit Ansichten unter Verwendung von Entity Framework" aus und klickt auf „Hinzufügen". Im folgenden Dialog wählt man als Modellklasse die gerade erstellte Klasse FlightRoute aus. Die Datenkontextklasse erstellt man neu, indem man auf den „+"-Button klickt und den erscheinenden Klassennamen ohne Änderung übernimmt. Bis auf „Asynchrone Controlleraktionen verwenden" werden alle Optionen angekreuzt und der Controller hinzugefügt (Abb. 7.10).

Neben FlightController.vb werden weitere Dateien für die Datenkontextklasse und die Views angelegt. Doch zunächst soll die Anwendung gestartet werden, um zu sehen, welche Funktionalität von Visual Studio hinzugefügt wurde.

Nach dem Starten der Website ohne oder mit Debugging erscheint eine leere Tabelle mit Flugverbindungsdaten. Über den Link „Create New" können bereits neue Flugverbindungen angelegt werden. Klicken Sie auf den Link und legen Sie eine neue Flugverbindung an. Beachten Sie, dass Sie für die Eigenschaften Date, From und To als Datums- und Zeitformat z.B.

---

[30] auch Convention over Configuration / Konvention vor Konfiguration

„1/4/2015 1:00 PM" verwenden. Später wird gezeigt, wie solche Formate konfiguriert werden.

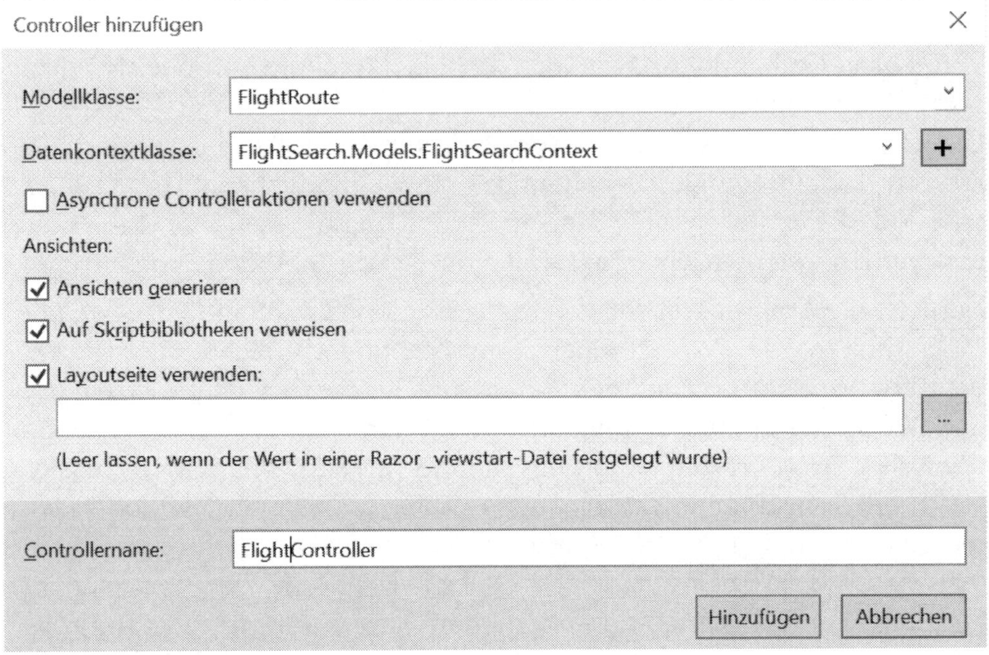


**Abbildung 7.10** FlightController mit Datenkontext und Views anlegen

Die Vorlage für den Flight-Controller hat also bereits eine Datenbank und die entsprechenden Methoden zum Bearbeiten der Tabelle und die Views dazu angelegt. Zunächst soll der FlightController betrachtet werden. Hier fällt auf, dass in der Klasse eine private Membervariable „db" der Klasse FlightSearchContext instanziiert. Das ist die Datenkontextklasse, die im Dialog zum Anlegen des Controllers angegeben wurde. Zudem fällt am Ende der Klasse die überschriebene Dispose-Methode auf, die ihrerseits für die Datenbankkontextklasse die Methode Dispose aufruft. Über die FlightSearchContext-Klasse wird die Verarbeitung mit der Datenbank durchgeführt. Der Dispose-Aufruf der FlightSearchContext-Klasse schließt die Datenbankverbindung und gibt vorhandene Ressourcen frei.

```
Public Class FlightController
    Inherits System.Web.Mvc.Controller

    Private db As New FlightSearchContext

    ' GET: Flight
    Function Index() As ActionResult
        Return View(db.FlightRoutes.ToList())
    End Function
...
    Protected Overrides Sub Dispose(ByVal disposing As Boolean)
        If (disposing) Then
            db.Dispose()
        End If
        MyBase.Dispose(disposing)
    End Sub
End Class
```

In der Index-Methode erkennt man das Erzeugen einer View. Als Datenmodell werden die Daten der FlightRoutes-Tabelle an die View übergeben.

Als nächstes soll die angelegte Datenkontextklasse betrachtet werden, die sich im Ordner Models befindet und recht überschaubar ist.

```
Public Class FlightSearchContext
    Inherits DbContext

    Public Sub New()
        MyBase.New("name=FlightSearchContext")
    End Sub

    Public Property FlightRoutes As DbSet(Of FlightRoute)
End Class
```

Dieser kurze Quellcode erzeugt die Datenbank und bietet Methoden über die DbSet-Klasse an, um Tabellen und deren Inhalt zu ändern. Hierbei handelt es sich um eine von DbContext abgeleitete Klasse, die diese Arbeit übernimmt und sich im Namensraum System.Data.Entity befindet. Im Konstruktor wird über den Aufruf des Basiskonstruktors der Name des ConnectionStrings zur Datenbank übergeben (FlightSearhContext).

ConnectionStrings werden bei ASP.NET in der XML-Datei web.config unter dem <connectionStrings>-Tag abgelegt. Ein Blick in die Datei zeigt, auf welche Datenbank die Webanwendung zugreift.

```
...
  <connectionStrings>
    <add name="DefaultConnection" connectionString="Data
Source=(LocalDb)\MSSQLLocalDB;AttachDbFilename=|DataDirectory|\as
pnet-FlightSearch-20150908115026.mdf;Initial Catalog=aspnet-
FlightSearch-20150908115026;Integrated Security=True"
      providerName="System.Data.SqlClient" />
    <add name="FlightSearchContext" connectionString="Data
Source=(localdb)\MSSQLLocalDB; Initial
Catalog=FlightSearchContext-20150908120525; Integrated
Security=True; MultipleActiveResultSets=True;
AttachDbFilename=|DataDirectory|FlightSearchContext-
20150908120525.mdf"
      providerName="System.Data.SqlClient" />
  </connectionStrings>
...
```

Zurzeit sind zwei ConnectionStrings in der web.config vorhanden. Der erste ConnectionString wurde beim Anlegen des Projektes erzeugt, um die Anmeldedaten der Benutzer zu speichern, die sich an der Webanwendung registrieren. Der zweite ConnectionString wurde beim Erzeugen des FlightController eingefügt. Da die Webanwendung nur eine Datenbank verwenden soll, wird der zweite ConnectionString für FlightContext gelöscht und der erste so angepasst, dass der Datenbankname „Flight" lautet.

```
  <connectionStrings>
    <add name="DefaultConnection" connectionString=
    "Data Source=(LocalDb)\MSSQLLocalDB;
     AttachDbFilename=|DataDirectory|\Flight.mdf;Initial
     Catalog=Flight;Integrated Security=True"
      providerName="System.Data.SqlClient" />
```

```
</connectionStrings>
```

Entsprechend muss nun noch die Datenbankkontextklasse informiert werden, den ConnectionString „DefaultConnection" zu verwenden.

```
Public Sub New()
    MyBase.New("name=DefaultConnection")
    Database.SetInitializer(New _
      DropCreateDatabaseIfModelChanges(Of FlightSearchContext)())
End Sub
```

Zusätzlich wird im Konstruktor die Methode SetInitializer verwendet, um bei Änderungen des Datenmodells (z.B. neue hinzugekommene Attribute) die Datenbank neu zu erstellen. Neben der verwendeten Klasse DropCreate-DatabaseIfModelChanges gibt es als weitere Initializerklasse die Klasse DropCreateDatabaseAlways, über die die Datenbank bei jeder erneuten Verwendung der Datenbankkontextklasse neu angelegt wird.

Starten Sie erneut die Webanwendung und erfassen eine Flugverbindung. Da sich der Name der Datenbank im ConnectionString geändert hat, sind ihre bisherigen Flugverbindungen nicht mehr vorhanden.

Danach verlassen Sie die Webanwendung und wechseln in Visual Studio in den „Server-Explorer". Dort finden Sie in der Hierarchieliste unter dem Knoten „Datenverbindungen" den Eintrag „DefaultConnection (Flight)", über den Sie die Tabellendaten und das Schema ansehen und bearbeiten können (Abb. 7.11).

Der Pfad zur Datenbank in der web.config verwendet übrigens den Platzhalter DataDirectory. Dieser verweist auf den Projektordner App_Data, in dem die Datenbank abgelegt wurde. Da die Datenbankdatei nicht zum Projekt gehört, wird sie auch nicht angezeigt. Lassen Sie sich im Projektmappen-Explorer „Alle Dateien anzeigen". Nun wird auch die Datei Flight.mdf angezeigt.

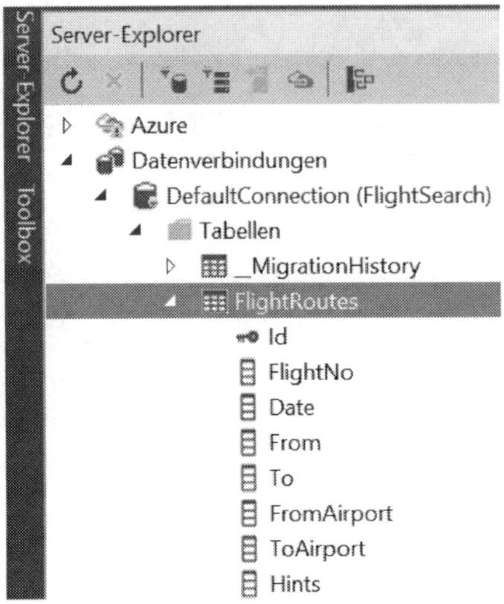


**Abbildung 7.11** Server-Explorer mit Datenverbindung

## Entity Framework (EF)

Die DbContext- und DbSet-Klassen gehören zum ADO.NET Entity Framework (EF). Bei dem Entity Framework handelt es sich um ein Framework zum objektrelationalen Mapping (ORM) von Klassen in relationale Tabellen. Es ist vergleichbar mit der Java Persistence API (JPA), um in Java Objekte in relationalen Datenbanken zu persistieren.

Entity Framework kennt drei Modellierungsansätze, um Objekte zu persistieren (Abb. 7.12). Beim Code-First-Ansatz, der auch für das Praxisbeispiel verwendet wurde, werden zunächst die Datenmodell-Klassen erstellt. In den Klassen werden .NET-Attribute (Annotationen) verwendet, um die Abbildung in eine relationale Tabelle weiter zu spezifizieren. Neben dem bereits erwähnten Key-Attribut gibt es Attribute, um den Tabellennamen und das Schema zu setzen (Table-Attribut), Spaltennamen (Column) oder den Datentyp (DataType) zu ändern oder Fremdschlüssel (ForeignKey) zuzuordnen. Weitere Annotationen finden Sie im Namensraum System.ComponentModel.DataAnnotations.

Beim zweiten Model-First-Modellierungsansatz werden die Entity-Klassen in einem grafischen Designer erstellt und als XML-Datei mit der Dateiendung „.edmx" gespeichert. Daraus können SQL-Code zum Erstellen der Datenbank und die Klassen in Visual Basic erzeugt werden.

Der dritte als Database-First oder Schema-First bezeichnete Ansatz generiert aus einer bestehenden Datenbank die nötigen Mapping- und Datenmodell-Klassen.

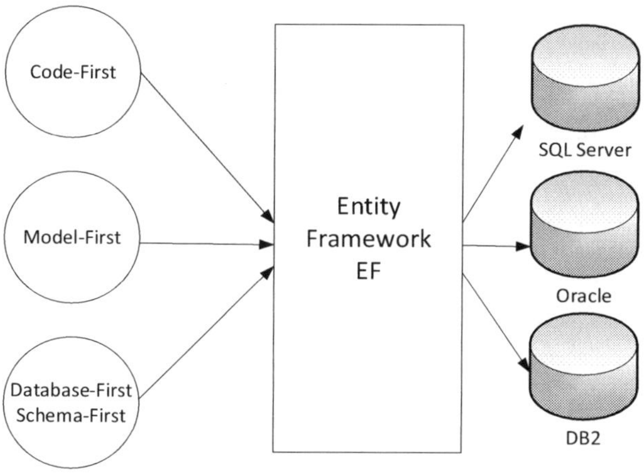


**Abbildung 7.12** Modellierungsansätze beim Entity Framework

## DataAnnotations

Beim Anlegen einer neuen Flugverbindung in der Webanwendung fallen mehrere Schönheitsfehler auf. So erscheinen alle Texte der Tabelle der Flugverbindung aufgrund der Variablennamen in Englisch, das Flugdatum (Date) enthält auch eine Uhrzeit und die Abflug- und Ankunftszeit (From, To) ein Datum. Daneben sind alle Eingaben optional. Um Änderungen dieser Einstellungen vorzunehmen, verwendet man die bereits erwähnten Annotationen. Der folgende Quellcode ergänzt das Datenmodell um die entsprechenden Einschränkungen:

```
Public Class FlightRoute
```

```
...
    <Display(Name := "Flugnummer")>
    <StringLength(8, MinimumLength := 5, _
     ErrorMessage := "Flugnummer max. 8 Zeichen lang")>
    Public Property FlightNo() As String
...
    <Display(Name := "Datum")>
    <DisplayFormat(DataFormatString := "{0:dd-MM-yyyy}", _
     ApplyFormatInEditMode := True)>
    <DataType(DataType.[Date])>
    <Required>
    Public Property [Date]() As DateTime
...
    <Display(Name := "Abflug")>
    <DataType(DataType.Time)>
    <Required>
    Public Property From() As DateTime
...
    <Display(Name := "Ankunft")>
    <DataType(DataType.Time)>
    <Required>
    Public Property [To]() As DateTime
...
    <Display(Name := "Abflughafen")>
    <Required>
    Public Property FromAirport() As String
...
    <Display(Name := "Zielflughafen")>
    <Required>
    Public Property ToAirport() As String
...
    <Display(Name := "Hinweise")>
    Public Property Hints() As String
...
End Class
```

Für alle Eigenschaften außer der Id wurden deutsche Anzeigenamen über das Display-Attribut vergeben. Abflug- und Ankunftszeit wurden über das DataType-Attribut vom Datentyp „Time" gekennzeichnet, sodass kein Datum mehr eingegeben werden muss. Über Required werden Pflichtfelder festgelegt, die im Datenbankschema mit NOT NULL angelegt werden. StringLength dient zum Festlegen der Länge von Texten.

Daneben gibt es auch spezielle Annotationen für Kreditkarten (CreditType) oder Wertebereiche (Range). Sollen spezielle zwischen Attributen übergreifende Validierungen vorgenommen werden, kann für das Datenmodell das Interface IValidatableObject mit der Methode Validate implementiert werden. Hierüber kann z.B. überprüft werden, ob die Ankunftszeit später als die Abflugzeit ist.

Nun sollen die Views betrachtet und angepasst werden. Im Ordner Views/FlightRoute befinden sich alle Views, die der FlightController verwendet und die von Visual Studio beim Anlegen des Controllers automatisch erzeugt wurden. In der View Create.vbhtml fällt neben den bekannten HtmlHelper-Methoden wie z.B. Html.BeginForm der Aufruf der Methode Html.AntiForgeryToken auf. Dieser Aufruf dient der Sicherheit und sendet ein verstecktes Token an den Webserver, um zu verhindern, dass eine fremde Website über ein eigenes Formular Daten in die Tabelle einfügt. Dieses Problem wird als Cross-Site-Scripting (XSS) bezeichnet. Neben dem Aufruf in der View muss die dazugehörige Action-Methode, die für das Speichern verantwortlich ist, mit der Annotation ValidateAntiForgeryToken versehen werden. Alle weiteren HtmlHelper-Methoden wurden bereits angesprochen. Interessant ist noch die Vergabe eigener Attributwerte für ein HTML-Element z.B. beim Aufruf der Html.ValidationSummary-Methode.

```
@Html.ValidationSummary(True, "", _
                        New With { .class = "text-danger" })
```

Viele der HtmlHelper-Methoden erwarten als letzten Parameter ein anonymes Objekt zur Übergabe von HTML-Attributen. In diesem Fall wird das class-Attribut auf die von Bootstrap bereitgestellte CSS-Klasse text-danger gesetzt.

Wie sehen nun die Action-Methoden im FlightController zum Anlegen einer Flugverbindung aus? Die Action-Methode zum Anzeigen des Formulars wird über das GET-Verb von HTTP aufgerufen und ist sehr einfach gestaltet. Sie besteht nur aus dem Aufruf der View.

```
Function Create() As ActionResult
    Return View()
End Function
```

Klickt der Benutzer in dieser View auf den „Create"-Button, wird per HTTP über das POST-Verb eine weitere Create-Methode aufgerufen. Diese sieht folgendermaßen aus:

```
<HttpPost()>
<ValidateAntiForgeryToken()>
Function Create(ByVal flightRoute As FlightRoute) As ActionResult
    If ModelState.IsValid Then
        db.FlightRoutes.Add(flightRoute)
        db.SaveChanges()
        Return RedirectToAction("Index")
    End If
    Return View(flightRoute)
End Function
```

Über die HttpPost-Annotation wird der Aufruf dieser Action-Methode über ein HTTP POST festgelegt. Geliefert werden die Daten als Instanz der Datenmodellklasse FlightRoute. ASP.NET bindet die über POST übergebenen Werte direkt als Instanz der FlightRoute-Klasse. Über die Bind-Annotation kann das Binden der POST-Werte an den Übergabeparameter der Methode gesteuert werden. Folgende Deklaration überträgt z.B. das Attribut Hints nicht mit und nimmt keine Bindung vor.

```
Public Function Create(<Bind(Exclude := "Hints")> _
                      flightRoute As FlightRoute) As ActionResult
...
```

Aus Sicherheitsgründen wird empfohlen, nur die Werte zu binden, die in der Action-Methode auch wirklich benötigt werden.[31] Die erste Zeile in der Create-Methode überprüft über ModelState.IsValid, ob die übertragenen Daten den Datenannotationen entsprechen (Required, StringLength usw.) Sollte das Datenmodell nicht gültig sein, wird die View erneut mit den eingegebenen Daten aufgerufen und die Methode Html.ValidationSummary oder Html.ValidationMessageFor listet die Eingabefehler auf.

Sollte JavaScript im Browser des Anwenders aktiviert sein, erfolgt die Validierung bereits im Browser über das Framework jQuery Validation. Das an die Create-Methode übergebene Datenmodell ist immer gültig, wenn alle Validierungen über JavaScript möglich sind.[32] Bei gültigen Daten wird die neue Flugverbindung über das Entity Framework dem Entity FlightRoutes hinzugefügt und über SaveChanges werden alle Änderungen in die Datenbank persistiert. Danach wird über die Methode RedirectToAction zur Startseite zurückgesprungen. Ähnlich verhält es sich bei den Action-Methoden Edit und Delete zum Ändern und Löschen von Flugverbindungen.

### JavaScript einbinden

Das Formular zum Erfassen der Flugverbindungen soll noch etwas komfortabler gestaltet werden, indem für das Datum ein DatePicker-Eingabeelement zur Verfügung gestellt wird. Dazu müssen zusätzliche JavaScript- und CSS-Dateien hinzugebunden und eigener JavaScript-Code geschrieben werden. In diesem Beispiel soll „Bootstrap Datepicker" verwendet werden, das von der Adresse https://bootstrap-datepicker.readthedocs.org heruntergeladen werden kann. Dabei sollen die Dateien nicht manuell hinzugebunden, sondern NuGet genutzt werden. NuGet ist eine Software-Paketverwaltung für das .NET Framework. Über den NuGet-Package-Manager können in ein bestehendes Projekt zusätzliche Frameworks eingebunden werden. Um die DatePicker-Dateien einzubinden, wird über den Menüpunkt

[31] Die Problematik, zu viele Daten per POST Verb an den Webserver zu senden, stellt ein Sicherheitsproblem dar und wird als Overposting bezeichnet

[32] gilt z.B. nicht für das erwähnte IValidatableObject-Interface

„Extras → NuGet-Paket-Manager → NuGet-Pakete für Projektmappe verwalten…“ ein Dialog geöffnet, in dem man nach NuGet-Paketen suchen kann. Im vorliegenden Beispiel soll nach dem „Bootstrap Datepicker“ von Petre und Rowls gesucht und dieses Paket installiert werden (Abb. 7.13).

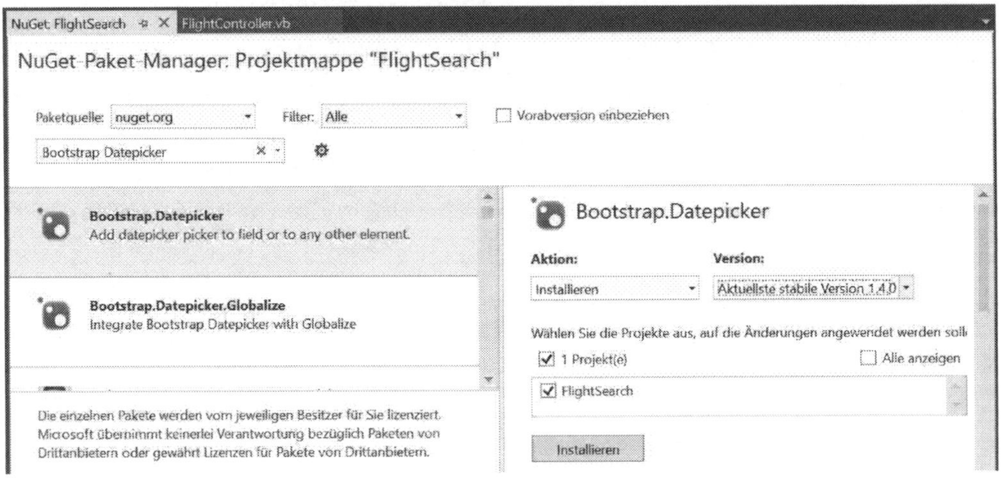


**Abbildung 7.13** NuGet-Paket-Manager

Im Content-Ordner wurden zwei neue CSS-Dateien (bootstrap-datepicker.css, bootstrap-datepicker3.css) und im Scripts-Ordner ein locales-Ordner mit Sprachversionen, sowie die JavaScript-Dateien bootstrap-datepicker.js angelegt. Diese Dateien müssen zur Bereitstellung des Datepickers zunächst in jede View eingebunden werden. Um das nicht in jeder View einzeln machen zu müssen, werden die Dateien in der Layout-View hinzugebunden. In der Layout-View sieht man, dass die Bootstrap und jQuery-Dateien nicht wie üblich über das <script>- und <link>-Tag, sondern über die von der Razor-Engine verwendeten Klassen Styles und Scripts, die die Render-Methoden aufrufen, eingebunden werden.

ASP.NET kennt Bundles. Darunter versteht man mehrere zusammengehörende Dateien, die unter einem Namen verwaltet und von ASP.NET als eine Datei an den Webbrowser gesendet werden. Dadurch muss der Webbrowser weniger http-Anfragen beantworten und ist performanter. Gleichzeitig können die Dateien minimiert werden, indem unnötige Leerzeichen und

Kommentare entfernt werden. Um solche Bundles zu verwalten, gibt es die Klasse System.Web.Optimization.BundleTable. Visual Studio legt bereits die Datei BundleConfig.vb im Ordner App_Start an und erzeugt dort mehrere Bundles. Diese müssen entsprechend geändert werden, um die Datepicker-Dateien hinzuzufügen. Bevor das gemacht wird, muss der Datepicker über JavaScript initialisiert werden. Dazu wird eine eigene JavaScript-Datei, die hier den Namen datepicker.js bekommt, mit folgendem Inhalt im Scripts-Ordner erzeugt:

```
$('.datepicker').datepicker({
    language: 'de',
    format: 'dd-mm-yyyy',
    startDate: '+1d'
})
```

Nun folgt die Änderung in der Datei BundleConfig.vb, um die Dateien einzubinden.

```
...
bundles.Add(New ScriptBundle("~/bundles/bootstrap").Include(
            "~/Scripts/bootstrap.js",
            "~/Scripts/bootstrap-datepicker.js",
            "~/Scripts/locales/bootstrap-datepicker.de.js",
            "~/Scripts/datepicker.js",
            "~/Scripts/respond.js"))

bundles.Add(New StyleBundle("~/Content/css").Include(
            "~/Content/bootstrap.css",
            "~/Content/datepicker.css",
            "~/Content/site.css"))
...
```

Beachten Sie bei den JavaScript-Dateien die Reihenfolge der Einbindung, da die eigene datepicker.js erst aufgerufen werden kann, wenn der Quellcode für den Datepicker geladen wurde.

Um nun den Datepicker in einem Formular an eine Textbox anzuhängen, muss für diesen die CSS-Klasse datepicker gesetzt werden. Dazu wird die Create.vbhtml geöffnet und die Textbox für die Datumseingabe wie folgt geändert:

```
...
@Html.EditorFor(Function(model) model.Date, New With _
            {.htmlAttributes = New With _
            {.class = "form-control datepicker"}})
...
```

Beim Anlegen einer neuen Flugverbindung erscheint nun das Datepicker-Control, wie in Abb. 7.14 zu sehen.

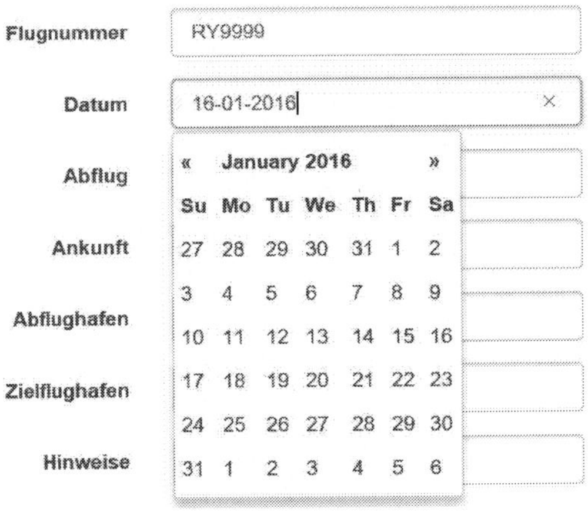


**Abbildung 7.14** Eingebundenes Datepicker-Control

## LINQ

Mit LINQ bietet Microsoft eine Abfragesprache, die entweder ähnlich wie SQL mit eigenen Schlüsselwörtern (Query Syntax) oder über Erweiterungsmethoden und Lambda-Ausdrücke (Method Syntax) genutzt werden kann. LINQ steht für Language Integrated Query und ist eine Abfragesprache für enumerierbare Daten, die in bestehende Programmiersprachen wie C# und Visual Basic eingebettet werden kann. LINQ kann nicht nur auf Datenbanktabellen, sondern auch auf typische Datenstrukturen wie Hashtabellen oder verkettete Listen angewendet werden. Auch wenn es von Microsoft entwickelt wurde, gibt es weitere Frameworks zur Unterstützung in Sprachen wie Java oder PHP. Die Implementierung von LINQ ist im .NET-Umfeld durch Erweiterungsklassen umgesetzt. Um also LINQ für verkettete Listen zu verwenden, muss der Namespace System.Linq eingebunden werden.

Im Folgenden soll die Startseite um eine Textbox und einen Button zum Suchen nach Texten in Flugverbindungen ergänzt werden. Zum Selektieren der Daten wird die Abfragesprache LINQ verwendet.

Dazu muss zunächst die Index-Methode des FlightController um den Suchparameter ergänzt werden. Anstatt die vollständige Liste über die Datenbankkontextklasse zurückzuliefern, wird über eine Abfrage ermittelt, ob der Suchbegriff in den Attributen Date, FlightNo, FromAirport oder ToAirport vorkommt. Die Abfrage über die SQL-ähnliche Query-Syntax sieht folgendermaßen aus:

```
Public Function Index(query As String) As ActionResult
    Dim flights = From f In db.FlightRoutes

    If Not String.IsNullOrEmpty(query) Then
          flights = From f In flights Where _
            f.Date.ToString().Contains(query) OrElse _
            f.FlightNo.Contains(query) OrElse _
            f.FromAirport.Contains(query) OrElse _
            f.ToAirport.Contains(query)
    End If
    Return View(flights.ToList())
End Function
```

Zunächst werden alle Datensätze selektiert und in der Variablen flight gemerkt. Falls der Übergabeparameter query einen Wert enthält wird in einer zweiten LINQ-Abfrage geprüft, ob der Suchwert in einem der Attribute vorkommt. Die Syntax ist vom Grundaufbau der Datenbankabfragesprache SQL sehr ähnlich, außer dass das Selektieren der Attribute zum Schluss erfolgt. Innerhalb von Ausdrücken werden aber eher Visual-Basic-Ausdrücke und -Methoden verwendet. Um LINQ besser kennenzulernen, bietet sich die Software LINQPad an. Mit LINQPad können interaktiv Abfragen gestellt und dabei die Abfragesprache gelernt werden. Zudem enthält LINQPad viele Beispiele, an denen man lernen kann (Abb. 7.15).

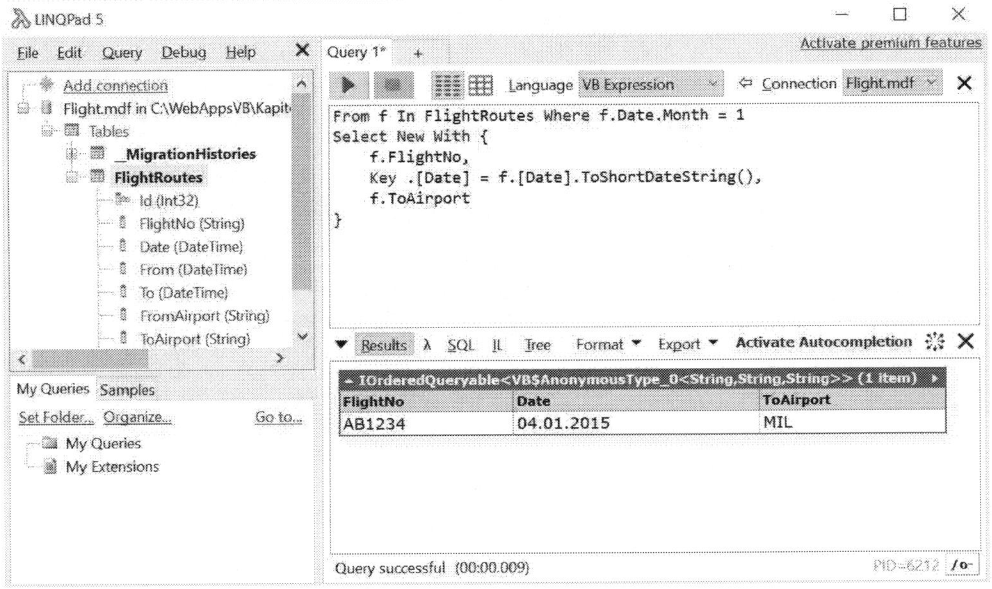


**Abbildung 7.15** LINQPad

Im Gegensatz zur eben verwendeten Query-Syntax werden bei der Method-Syntax normale Methodenaufrufe verwendet. Alternativ kann man die Suche auch wie folgt implementieren:

```
Public Function Index(query As String) As ActionResult
  Dim flights = Queryable.AsQueryable(db.FlightRoutes)

  If Not String.IsNullOrEmpty(query) Then
    flights = flights _
```

```
            .Where(Function(f) f.Date.ToString().Contains(query) _
             OrElse f.FlightNo.Contains(query) _
             OrElse f.FromAirport.Contains(query) _
             OrElse f.ToAirport.Contains(query))
  End If
  Return View(flights.ToList())
End Function
```

Welche LINQ-Abfragesprache man verwendet, ist sicherlich auch Geschmackssache. Zwar ist die Query-Syntax normalerweise leichter lesbar, hat dafür aber den Nachteil, dass einige Methoden der Method-Syntax umständlicher verwendet werden können (z.B. First, Skip, Take). Um z.B. nur den ersten Datensatz zu selektieren und die Methode Take zu nutzen, muss die Abfrage geklammert werden.

```
(from f
 in FlightRoutes
 select f) _
.Take(1)
```

Letztendlich verwendet man hier doch wieder die Method-Syntax, weil es sich um einen Methodenaufruf handelt.

Doch zurück zum Suchen der Flugverbindungen. Um das Suchen zunächst über die URL zu testen und nach dem Begriff „HAM" zu suchen, startet man die Webanwendung und gibt folgende URL ein:

```
http://localhost:<Portnr>/Flight/Index/?query=HAM
```

Die Suche funktioniert soweit, sodass nur noch die Index-View angepasst werden muss. Um die Suche visuell etwas abzugrenzen, wird ein <div>-Element mit der Bootstrap-Klasse „well" angelegt.

```
...
<h2>Index</h2>
<div class="well">
```

```
  @Using (Html.BeginForm("Index", "Flight", _
          FormMethod.Get, New With {.class = "form-inline"}))

      @Html.TextBox("query", Nothing, _
                    New With {.placeholder = "Suchtext..."})
      @<button type="submit" Class="btn btn-default form-inline">
         <span Class="glyphicon glyphicon-search"></span> Suchen
      </button>
  End Using
</div>
...
```

Button und Textbox zur Suche stellen ein Formular dar, das den Suchtext über die HTTP GET-Methode im Query String übergibt. Über die Bootstrap-Klasse „form-inline" werden die beiden Eingabeelemente horizontal angeordnet. Für den Suchen-Button wird über die Glyphicons von Bootstrap ein entsprechendes Symbol angezeigt. Solche Glyphicons sollen auch anstelle der Texte Edit, Details und Delete erscheinen. Entsprechend werden die ActionLink-Aufrufe wie folgt geändert:

```
...
@Html.ActionLink(" ", "Edit", New With {.id = item.Id}, _
    New With {.class = "btn btn-default glyphicon _
    glyphicon-pencil", .placeholder = "Ändern"})
@Html.ActionLink(" ", "Details", New With {.id = item.Id}, _
    New With {.class = "btn btn-default glyphicon _
    glyphicon-zoom-in", .placeholder = "Ändern"})
@Html.ActionLink(" ", "Delete", New With {.id = item.Id},_
    New With {.class = "btn btn-default glyphicon _
    glyphicon-trash", .placeholder = "Ändern"})...
```

Damit hat die Webanwendung den Stand von Abb. 7.9 erreicht.

## Autorisierung

Zum Schluss soll das Thema Autorisierung angerissen werden. Normalerweise sind nicht alle Action-Methoden einer Webanwendung anonym durchführbar. Bei der MVC-Projektvorlage von Visual Studio werden daher bereits beim Anlegen Controller und Views erzeugt, damit sich ein Benutzer registrieren und anmelden kann. Starten Sie dazu die Webanwendung und registrieren sich mit einer E-Mail-Adresse und einem Kennwort. Beenden Sie dann die Webanwendung und sehen sich die Tabellen über den Server-Explorer in Visual Studio an. Es wurden fünf neue Tabellen angelegt, wobei sich in der Tabelle AspNetUsers die Benutzerdaten aus dem Registriervorgang befinden.

Um einzelne Action-Methoden nur für bestimmte Benutzer oder Benutzerrollen zuzulassen, verwendet man die Annotation Authorize. Als Parameter übergibt man die Rollen- oder Benutzernamen. Um also das Erzeugen neuer Flugverbindungen über die Action-Methode nur einzelnen Benutzern zu erlauben, schreibt man:

```
<Authorize(Users:="muster@beispiel.de, adm@beispiel.de")>
Function Create() As ActionResult
...
```

Die Authorize-Annotation sollte für beide Create-Methoden gesetzt werden. Soll jetzt die Anwendung gestartet und ein neuer Benutzer angelegt werden, wird automatisch zur Anmeldung umgeleitet. Meldet man sich dort mit einem für Create erlaubten Benutzernamen an, erscheint die bekannte View.

Action-Methoden, die sensible Daten übertragen, sollten neben der Autorisierung natürlich über SSL (Secure Socket Layer) übertragen werden. Dazu kann man über die Annotation RequireHttps festlegen, für welche Action-Methode das HTTPS-Protokoll verwendet werden soll.

## Zusammenfassung

In diesem Kapitel wurde zur serverseitigen Programmierung das Framework ASP.NET MVC5 vorgestellt. Es setzt das Entwurfsmuster Model-View-Controller um, das eine klare Trennung zwischen dem Geschäftsmodell (Model), der Geschäftslogik (Controller) und der Präsentation (View) des Geschäftsmodells vorsieht. Diese Trennung ist Voraussetzung für eine bessere Wartbarkeit und Testbarkeit.

Nach der Beschreibung der Grundlagen zu MVC5 wurden zunächst ein leeres ASP.NET-Projekt angelegt und die vom Projekt erzeugten Ordner und Dateien erläutert. Danach wurde ein eigener Controller mit Action-Methoden angelegt und das Routing zu den Action-Methoden erklärt.

Zur Erstellung der vom Controller erzeugten Views erfolgten Erläuterungen zur Razor-Syntax, über die man HTML und Visual-Basic-Code miteinander „mischen" kann. Nachdem schließlich ein Beispiel das Erstellen von Layoutdateien zeigte, wurde die Nutzung des Entity Frameworks (ADO.NET EF) behandelt. Hierbei handelt es sich um ein Framework zum objektrelationalen Mapping (ORM) von Klassen auf relationale Datenbanken. Zum Schluss wurden kurz die Abfragesprache LINQ und Sicherheitsaspekte beschrieben.

# Sachwortverzeichnis

## 2



## 4



## A



## B



## C



## D



## E

## F



## G



## H



## I



## J



## K

## T



## U



## V



## W



## X

Made in United States
Orlando, FL
04 November 2026

90201484R00125